U0944501

谁能比未来更加辽阔

晓佳 著

蝴蝶

她站在一朵没有根的
野花上
像一个思想者。稍停
然后飞走了

西南大学出版社
SWUP 国家一级出版社 全国百佳图书出版单位

图书在版编目(CIP)数据

谁能比未来更加辽阔 / 晓佳著. -- 重庆 : 西南大学出版社, 2023.12
ISBN 978-7-5697-2017-4

Ⅰ. ①谁… Ⅱ. ①晓… Ⅲ. ①诗集 - 中国 - 当代 Ⅳ. ①I227

中国国家版本馆CIP数据核字(2023)第205624号

谁能比未来更加辽阔
SHUI NENG BI WEILAI GENGJIA LIAOKUO
晓　佳　著

责任编辑：张　昊
责任校对：王传佳
装帧设计：殳十堂_未　氓
照　　排：王　兴
出版发行：西南大学出版社(原西南师范大学出版社)
印　　刷：重庆升光电力印务有限公司
成品尺寸：145 mm × 210 mm
印　　张：11.75
字　　数：220千字
版　　次：2023年12月 第1版
印　　次：2023年12月 第1次印刷
书　　号：ISBN 978-7-5697-2017-4

定　　价：68.00元

晓佳

本名王小佳，西南大学教师，重庆作协会员。专攻植物遗传育种理论，业余码字。无论小说、散文、诗歌，都奉行“三不”原则：不说假话，不唱颂歌，不写空文。作品在《星星》《诗歌报》《十月》《青年文学》《散文家》等报刊发表并收入《80年代大学生诗选》《中国当代微型诗选萃》《中国当代微型诗十二家》等若干集子，多次获全国征文奖，出版有诗集《还原的轨迹》。

序言

诗心绵延处，万物皆成诗

蒋登科

诗歌没有什么实用价值，但它却关涉情感、精神、心理、人格，自然也关涉我们常说的“三观”，关涉人生素质、精神品质、生命质量。优秀的诗歌拥有一种巨大的向内的聚集之力，借万世之精神育自我之圆满，吸万物之灵气养自我之灵魂，以多侧面的认知建构自我之思想、梦想、理想，建构精神的自由之境。优秀的诗歌更拥有一种巨大的向外的延展之力，遇到知音的诗篇，可以为心灵与风气的净化发挥不可替代的作用。对于追求精神充实的人，无论是读诗的，还是写诗的，都可能因为诗歌而“上瘾”。

从精神层面讲，诗歌是难学的，也是难教的，人们是因为情感、心理、精神、人格上的需要而选择对诗歌的爱好。爱好诗歌与一个人从事什么事业没有必然的关联，从事非文学专业的人，同样可以爱上诗歌，成为诗人，甚至是优秀诗人。

或许有人要问,既然如此,我们为什么还需要专门研究诗歌的人?其实,研究诗歌的目的是更好地总结诗歌历史,探索诗的艺术规律,提炼诗的文体特征,为诗人的创作提供学理上的支持;是为了给人们更好地理解诗歌、爱好诗歌,让诗歌文化更好地传承提供视野开阔的理论思考;也是在尊重诗的艺术特征的前提下对诗歌进行评价和遴选。尤其是在一些特殊的社会文化语境之下,当人们不太注重心灵的纯净、精神的修炼的时候,我们对诗歌的研究、推广,有时恰如暗夜之星火,可以为我们的民族、我们的时代保留一点精神的基因。从这些层面看,诗歌研究又是非常重要的,可以帮助写作者、读者更好地了解和理解诗歌,使他们拓宽视野,更好地判断诗歌之优劣,获得评价诗歌艺术的参考标准。

诗人晓佳从事的是遗传育种工作。我对他的专业基本不了解,但这并不代表我们没有共同的话题,因为他是诗人。我和晓佳的相识比他和吕进教授晚了许多。吕进老师在晓佳读大学的时候就认识他,那时正是中国当代诗歌的黄金时代。晓佳读书的学校和吕进先生工作的学校隔墙相连,两校的同学交往不少。吕进先生或者其他诗人、学者举行讲座,晓佳基本都会参加。他还以学生组织的名义邀请吕进先生举办过专题讲座。

我上大学的时间比晓佳晚几年，错过了和他一起聆听诗歌讲座、参加诗歌活动的机会。我认识晓佳是在20世纪90年代，当时他已经是有名的蔬菜育种专家，我们平常吃到的有些蔬菜可能就有他在实验室、实验地里的奉献。而且他当时已经开始了大学的管理工作，先后担任了研究生处的处长、副校长、校长等职务，但是他一直没有完全放弃诗歌写作，而且只要有诗歌界的朋友来访，他都会尽量抽出时间接待和陪同。有一次，北碚的文学组织邀请了一些诗人到晓佳担任校长的学校采风，他当天非常忙，必须带队开展研究生招生考试的巡考工作，但他还是挤出中午的时间和大家一起小聚。一谈到诗歌，他马上就像变了一个人似的，说话的节奏都快了很多，谈的都是日常生活，甚至一些琐屑的小感触，和坐在主席台上大不一样。前面提到的两所学校后来合并组建了一所新的大学，我有机会多次聆听了晓佳坐在主席台上的演讲。即使在主席台上发言，甚至是谈论学校的发展规划，他也和专业的管理人员相差很大。他甚至说过，办公室给他起草的稿子就不念了，会议之后印发给大家，他想谈谈他所理解的大学。于是，他谈到了大学的发展历史、大学的使命、素养的提升与人才培养、文化的养育与大学的个性等等，看似没有多少实用价值，没有谈到要拨款多少，要申请多少项目，要发表多少论文，但我可以感觉到他的言谈中体现的情怀，他对人的重视，对人的素质的关注，等等。这些看似不实用的观念，实际上是摈弃了视野的狭隘、目光的短视，从长远来看肯定是有价值的，只是在人们心态浮躁的时代，在眼前的功利盖过长远思考的时候，这样的理念实在难以落到实处。不过，从他的这些观念中，我们可以感受到一个诗人、一个有情怀的管理者的梦想。

晓佳从大学时代开始写诗，在不少报刊上发表过作品，后来停笔过一段时间(其实他并没有完全停笔，只是进入了一个低谷期)，尤其是在担任学校领导期间，他的主要精力都投入到各种各样的事务中。大学是知识分子集中的地方，知识分子都有自己的思想，又从事不同专业的教学和科研，内部的关系其实并不那么单纯，尤其是在涉及个人利益、专业发展等问题的时候，往往存在很多矛盾。当一个人不得不纠缠于这样的事务、氛围之中时，哪里还有精力顾及诗意，顾及心灵，顾及精神，顾及健全人格的养育？

晓佳的创作出现爆发式增长是在他卸任之

后。我时常可以在很多报刊、网站、微信上读到他的作品。这种变化使热爱诗歌的我甚感惊喜：我熟悉和喜欢的那个诗人晓佳又回来了！其实，这种爆发是很正常的。一个诗人在经历了复杂的人生之后，遇到过各种各样的顺心与不顺心的事情，对这些事情的回味，在这些回味中对人生的思索，往往可以成为诗歌创作的重要题材和主题，而且有了充裕的时间自由表达。有人认为，一个人到了一定的年龄就不适合写诗了，因为感觉会迟钝，观念会老化。这种说法有一定道理，但不一定准确。丰富的阅历可以增加诗歌的底蕴与厚度，可以在一定程度上超越单纯的才气与敏锐，从而创作出更有现实厚度、人生温度、精神向度、思想深度的诗歌作品。

2022年初，晓佳出版了诗集《还原的轨迹》，是他过去较长时间的作品精选。在一年多之后，他又编成了这部《谁能比未来更加辽阔》，收入他最近两年创作的作品，在数量上远远超过了他以前积累下来的作品。

在文学创作上，晓佳有自己的坚持。他一直奉行“三不”原则：不说假话，不唱颂歌，不写空文。要做到这一点，其实很不容易。我们生活在人群之中，有时候不得不说一些言不由衷的话。

我估计，晓佳也是这样。或许正因为如此，在诗歌创作中，他必须有所坚持，才能留下真实的感悟与思考。这是对诗歌艺术的敬畏，也是对自我体验的尊重。

晓佳有一双发现诗意的慧眼。他的诗基本上都来源于具体的生活经验和个人体验，不以高蹈的理念先入为主，或者以诗的方式阐释某些理念。在他的作品中，我们读到的都是一些生活故事、细节，以及由这些故事、细节诱发的诗意思考。晓佳的经历并不复杂，但他的阅历却很丰富、精彩。他有自己长期从事的专业，从事过管理工作，而且担任过外交官，见过的世面、接触的人物和故事都可以成为他打量现实、思考人生的触发点。最近这些年，他的作品特别关注时间、岁月的流逝，这可能和年龄的变化有关。不过，年龄带给他的并不都是负面效应，他还有激情，有对人生与艺术的敏锐。《你如何能》有这样的诗行："这个世界不会给你一个理由/让你砍断时光的藤蔓/倒下的早晨/如何能，溅起鸟儿的歌声//还要种植那些剩下的日子/聆听一些清脆的远方/你如何能/让心情，独自老去"。这是诗人的心声。他不能让心情老去，而是要保持敏锐的感觉，继续美好的人生，继续诗意地寻觅。

在时间意识的表达上，晓佳主要抓住了两个切入角度，一个是回忆，一个是展望。回忆是晓佳近年诗歌的重要主题。家乡、亲人、朋友……很多都成为他作品的观照对象。他在回顾中重新走了一遍来时的路，重新梳理人生的足迹，从中发现了奉献、奋斗，也发现了无奈，甚至发现了荒诞。展望本来是年轻人的事情，晓佳把展望作为自己的诗歌向度，体现了一种心态，当然不是年轻人的心态，而是风雨之后见到彩虹的心态，是历经岁月艰辛而超然面对人生的心态。《一点点生疏》写的是时间的流逝，也暗含着人世的复杂："以往熟悉的人或事物/仿佛清明的细雨/去向不明"，时间的流逝带走了很多熟悉的人与事，记忆中的很多人物、事物发生了变化，陌生起来。"而一些陌生的尾气或牌匾/却篡改了街道和天空/一些劝告你如何守望朝霞的人/其实刚刚/拦截了你的黎明"，这是多么深刻的发现，书写了变化中暗含的虚伪。看似普通的诗句，却把人性与现实揭示得入木三分。《夜过了，又是清晨》是对生命与死亡的思考，是对民间流行的"人死如灯灭"的诗意阐释，其实也体现了一种时间意识，但诗人不主张去拯救即将熄灭的"灯盏"，因为"熄灭是真正的远方/它一直在等/等一个永远的清晨，降临”,体现了诗人的生命思考,其中蕴含着达观、通透的人生哲学。《他们贪婪地窥视着你》有这样的诗行:“许多贪婪窥视着你/眼神贯穿着,迷人的修辞/他们说这些荆棘/其实是在,保护青草不被践踏//只可惜并非每一个人/都能看见/那些掩饰荆棘的花丛后面/馋涎的利齿//我们可以躲过弓弩/却躲不过/遮盖了黑洞的/慈悲”。俗话说“明枪易躲,暗箭难防”,我们面对的世界复杂而驳杂,真诚与虚伪时常交织在一起,表象与本质混淆不清,只有敏锐的诗人,或者说,只有经历了复杂人生的诗人,才拥有敏锐的目光,才能够真正拨开迷雾,发现和表达出令人惊诧的本质。《一个人的城》是这样写的:“从第一缕阳光落地/到月黑风高,我一直在奔跑//我熟悉这座城市/熟悉它的道路、高楼,它的/霓虹灯和便利店/我的触须,无数次抵达/它的隐秘之处/那里的梦想疲惫而年轻//我在这里/没日没夜地,寻找自己”。诗人在这里融合着回忆与展望,所谓“一个人的城”,指的其实就是诗人自己,他通过自我反思、自我检视,守护梦想,“寻找自己”,体现了诗人对真实自我的看重,对自我品性的寻觅和坚守。

无论是对现实还是对人生,晓佳都努力践行他追求的不唱赞歌、不说空话的理念。在他的作品中，我们很难见到口号式的表达，更没有公式化的写作，笔下所出皆源自真心真情。不仅如此，在他的作品中，揭露和反思的格调占据了重要位置，他要通过自己的阅历和体验，发现现实与人生中的虚伪，并以艺术的方式加以解剖和鞭挞。因此，他的作品时常采用反讽、暗喻、象征等手段，看似不经意的表达，却揭示了更深刻的真实。他说："现在它已刺不进我的身体/苦难生成的老茧/覆盖了我每一寸生命/但它能刺进睁开的眼睛/刺进我偶尔放松的警惕里/让心情流血"（《麦芒》）。麦芒是小时候的记忆，细小尖利的芒刺很容易刺进稚嫩的、年轻的皮肤，但是，随着岁月的流逝，厚厚的"老茧"已经阻挡了芒刺的锋利。不过，在诗人心中，类似的尖刺依然存在，它们刺进的是我们内在的体验，是我们对人生的看法。这种刺激或许比扎进肉体更疼。《隆冬》中有这样的诗行："树丫脱光全身，并未感到/一丝尴尬/都这样瘦了，还在乎冷风/再掠走什么？"树叶凋零，只剩下树枝的时候，已经没有什么可以在乎的了，其间蕴含着值得反复回味的人生哲理。《你拥有什么》也是如此，把人生与生命看得很透，"闭上眼睛以后/除了风，你还拥有什么//花不是你的/云不是你的/甚至，你的房子和亲人/都不是你的”，这才是岁月带给诗人的真实思考，是诗人对生命的切肤体验。生命及其本质、价值，在诗人的作品中呈现出别样的面貌——令人心惊，又让人觉得恰如其分。晓佳善于在一些我们看似正常的现象中，发现不一样的蕴含，使我们可以换一个角度看待现实与人生。他的有些发现非常尖锐，但阅读之后又觉得新奇，会心一笑之余往往会引发我们更深刻的思考。晓佳在诗歌创作中体现出来的“解剖”功力令人惊喜和感佩。这是诗人的创新之力，也是艺术针对现实的超越之力。

诗人对现实和人生的思考是多元的，任何一点触动他内心的小感触都可能引领他思考人生，创作出独特的诗篇。这种敏锐的能力有天生的因素，也有后天的修炼。比如《背景板》：“一朵花/凋谢/才是她绽放的理由……用一生去追逐一片蓝天/以及风/和鸟儿的翅膀//等到伸手去采摘一世辛劳/才发现那些果实/原来是，如此多余”。题材很普通，但诗人发现了生命演变的规则，体会到“绽放”与“凋谢”的逻辑关系。恰如《剪影》中所说：“镜头逆着太阳，审视/路过的日子/事物就省略了许多细节//这似乎/已经成为常识//很多人并不喜欢这个常识/他们逆着光/却又希求，得到清晰的人间”。这是来自常识的诗意发现，既“逆着太阳”，又想“得到清晰的人间”，肯定是无法实现的。这是生活，也是人生，更是生命的哲学。晓佳在诗歌中体现出来的心态是值得我们关注的，他尊重时间的流逝，尊重生命的规律，甚至以强大的心理力量、精神力量人为地忽视一些人生的困顿。《我不是一个智慧的人》说：“我不是一个智慧的人/所以我很快乐/鞋裂了，脚趾头反而轻松/眼镜碎了，却可以/看不见这个蓬乱的世界”。这不是闭目塞听，更不是掩耳盗铃，而是一种人生智慧。又比如《一杯冒着热气的水》：“梦醒/总是在走过苦难之后/经历了刺骨的寒冷/才想起，一杯冒着热气的水/原来是/那么珍贵”。诗人在一杯水中感悟人生，分辨出什么才是“珍贵”的事物。这些看似简单的描述，其实是对人生的一种深刻的诗意总结，其间蕴含的是诗人的人生智慧，艺术智慧，是诗人以艺术的方式对臃肿、繁复、驳杂人生的清洗、选择和提升。

晓佳的诗在篇幅上都比较短小。短小是中国诗歌的特点之一，尤其是抒情诗。他拒绝散文式的铺陈，不拖泥带水，而是直接切入心灵。这不是说他不注重细节，其实他的很多作品就是细节的呈现，他将自己的感悟、思考隐含于细节之中。只是他不习惯冗余的描述。晓佳创作了很多小诗，三五行成篇，点滴成趣，其间却有着诗人独特的发现和感悟。他的抒情诗，以及构成组诗的作品，其实也大多是短章，往往从某一个触点切入——很多切入点都是我们熟悉的，但在切入之后，诗人却在作品的内部尽情演绎，将自己对于现实、人生、生命的体验、感悟加入其中，像是一个个开口很小的瓶子，里面装满了各种新鲜的发现与思考，我们只有沿着瓶口，慢慢走进去，细细品鉴，才能体会到每首诗的妙处。他有一首《重量》：

在时光的河流里
我们，甚至算不上一滴水

但我们也有重量
这与金钱和权力无关

一粒沙，一万粒沙……
一滴水，一万滴水……
叠加起来
都能掩埋，世上的苦难

这就是海洋，或者沙漠
在历史天平上，既定的角色

是我们让这个世界平衡
避免了，雪崩一样坍塌

诗人从“时光的河流里”切入，发现了人的渺小，而这种如沙、如水的“渺小”也是有“重量”的，堆积起来，就构成了人群、人类、人世和历史，构成了“海洋”与“沙漠”，其力量也因此倍增。不过，这倍增的力量却能够掩埋许多东西，比如“世上的苦难”；也能够避免一些东西，比如“雪崩一样坍塌”。篇幅不长的诗篇体现了诗人对个体、群体、人类以及历史的思考。

晓佳的诗不追求华丽，使用的都是读者能懂的语词和意象。他不以新奇的语句、词语、概念、理念来展示自己的高深，更不以读不懂来体现诗歌的所谓奇妙、神奇，而是以朴实甚至生活化的语言，来建构他的精神世界。在诗歌创作中采用这样的话语方式，诗人需要有相当的自信。他的诗意发现必须是独特的、新颖的，是可以引起读者的共鸣的。有时候，我们读到一些词语华丽、铺排敷衍的作品，第一眼会感觉作者的语言功力不错，但是，当我们细致解读，字斟句酌地感受诗人的情绪情感的时候，又会发现这些漂亮的词语、句子、篇章似乎都是空的，里面没有思想底蕴，缺乏精神支撑，缺乏情感逻辑。这是自觉心虚的写作者用以唬人的一种常用方式，也就是我经常提到和反思的“空壳化”倾向。晓佳不屑于这种表达，因为他相信自己的思考和发现，只需要按照通常的方式表达出来，即可成为诗意浓郁的作品。比如《做几件惬意的事情》：“拾一片正在冷却的阳光/夹进/枕边的书页/等到夜深的时候/再去翻她//饮一壶似曾相识的错过/去梦里/期待重逢/等到醒来的时候/再去疼她//写一段摆渡自己的墓志铭/刻在/路过的风上/等到清明的时候/再去读她//有了这些/什么时候都不再枯黄”，语言很朴实，通过词语的特殊组合将语言的描述性提升为表现性、抒情性，实现了语言的内化与诗化；还采用了节与节之间的对应，形成了一种流动的旋律，无论形体还是内涵，都值得反复吟咏，而在吟咏之后，一定会在我们的内心产生波动与回应。《一条搁浅的鱼》写道：“我用朝天的那个眼睛/端详日月/而另一侧，已葬于黑暗”，短短的几行诗，写出了世界的复杂，“日月”与“黑暗”始终并存，每一个个体都是如此，比如“搁浅的鱼”。时间与生命在这种对立与抗争之中延续、生长、消失。

我一直很佩服晓佳对生活的敏锐，对自我体验与思考的敏锐，对捕捉诗意的敏锐，对诗意表达的举重若轻。就年龄来看，他已经年过花甲，但是，我们很难从他的作品之中读到老之将至的感觉，更没有苍老之感。我相信，是诗歌给他带来了心态的年轻，是岁月给他带来了厚实的积淀，是思考给他带来了人生的智慧。我也相信，在诗歌探索的旅途上，晓佳还会坚持下去。我期待不断读到他的更多新作。

2023年9月6日至11月2日

断断续续草于重庆之北

目录

短诗选

小诗选

组诗选

短诗选

萤火

这些黑暗中的亮点
太柔弱了
甚至没有人
承认它们来过

它们是路过的秋凉
从深不见底的
隧道里，突围出来的念想
让我如此着迷

闪亮一下。又悻悻地
变换姿势和位置
手中火把，始终无人接纳
只能照亮自己的灵魂

我觉得窗户的眼睛
也悻悻地
眨巴了一下
内心，有几粒金子击穿重围

撕裂，周遭的夜晚

腌制

被一个女人拔起来
掐断脆弱的根。然后揉进
这个陶罐

我看见
她指甲里塞满艰辛的泥土

她撒一层盐，又撒一层
就像播种冬天的瑞雪
小心折叠我的手、脚和身躯
直至将我掩埋
有几只鸡
偏着脑袋在一旁观看

男人叫女人吃饭
她用瓦盖子扣住我的天空
起身走了

留下一种缺氧的黑
让我独自承受

麦芒

它刺痛我的时候
我的皮肤不像现在这样苍老

我始终记得那种锋利
它在柔软的部分
脱颖而出
插入那些未曾设防的毛孔
让安宁
变得毛骨悚然

我清楚那是我们自己种下的
却仍然期待着
有人提醒

现在它已刺不进我的身体
苦难生成的老茧
覆盖了我每一寸生命
但它能刺进睁开的眼睛
刺进我偶尔放松的警惕里
让心情流血

它们最终要回到泥土里
变软,然后腐烂

背影

知了尚未醒来
初夏的阳光渐渐密集

蔷薇初开
菜花已深陷在蜂巢的隧道里

该去的都去了
我们经历过多少次送别
落瓣载走时令的瑕疵
而麦子,正在努力地灌浆

童年的赤脚
似曾在远足的站台上徘徊
一次次成为心结
疏远我们熟悉的村舍

青纱帐伸出手臂
未能捉住,路过的南风

我知道,它们的背影
带走了一些诺言

冬至帖

躺在床上的光阴
是没有区别的。白天抑或夜晚
都一样黯淡

日子被病痛噬咬着
显得残缺不全
只有隆冬铺开那张宣纸
还在将时令晕染

笔还是宁静的
它在心头,记录一年里最短
抑或最长的一天

雪落无声
心情的波澜却容不下纯粹
这一切
与路过的寒冷无关

口红

老头坐在轮椅上
抽烟

烟头忽明忽暗
左看右看
都像是太太的口红

用过了。就像这辆轮椅
再也留不住
太太年轻的日子

老头对着镜子
用口红抹了抹嘴唇……觉得
太太会这样复活

当然
没有灼痛更好

河床

让河流做一次梦
哪怕就一次

让它一泻千里
让它带走
数万年的时光和事物
带走淤积的悲欢
带走
那些原地守候的
人和渡口

让它见证路过的心情
成为历史

就这样上了年纪

躺下的时候
跟起床的时候一样艰难

看不见日头了
而它的影子还在伸长
树木和老房子都塞满了空虚
塞满了你
很艰难才能想起的过去
风声一点一点地
剥离了,零碎的深秋

叶子陷入泥泞
视野在黑暗中变得深邃

你看见一些
从未有过的洞穴。乌鸦和蝙蝠
在窗口自由出入
各自装修它们的未来
你弄不清它们的真实意图

突然想模仿它们的快乐
这是一个多么衰老的夜晚

手工

我爷爷的雕工
是这古城的灵魂。檐栋之上
处处弥漫着
他指尖上的心机

天快亮的时候,爷爷走了
行囊塞满历史的遗言。而他的背影
却让空荡
塞满我的心窝

我从此将孤独终老。只有一间木屋
悄无声息地陪伴,这间屋子
古老窗棂匍匐着生锈的时光。但这
已经足够

我知道在它的心窝里
还残留着
爷爷的气息。尽管这个时代
每个角落都已被机器占领

钥匙

奶奶挂在脖子上的
钥匙
弄丢了

她坐在屋角
悄无声地落泪。让我想起小时候
自己弄丢了钥匙的样子

那是她回家的路，是她
不会告诉别人的
一个不大不小的秘密

为了不被忘记，我也扔掉过钥匙
希望它去叩开
另一扇门

招一招手

她向路过的羊群招一招手
然后走上
另一条小路

她一边走
一边脱掉身上的衣服、往事和愿景
脱掉身上所有的束缚
就像三毛说的那样,她只留下
自由,留下
终于显露出来的远方
她把我遗弃在叙旧的路上
汽车一辆接着一辆交错着未来
排列成一首诗的样子

谁能想到,她那样招一招手
我就成了某种人生的
一个句点

你必将是一个干净的人

这个夏天
被一场接一场暴晒
洗得通透发白

就连抽屉里的往事
或者某些转角暗处的念想
都像江底的石头一样
露出了水面
衣兜里的镍币不知去向
而发丛里不断生长出雪白的花
心爱的紫砂壶
未能挽留住别离的禅语
却能让那些甘洌的高粱红
濯洗内心的蒙尘

当你的身体像酒杯一样
容忍夏天斜刺而过
我想你必将是一个干净的人

闪电的故乡

它闪现的时候
天空撕裂了很长的口子

仿佛隐喻着
某种悲情
某种在人间搜寻不到的怒火
它不会长久地停留。总是
从一个地方飞奔到另一个地方
从一个时辰穿越到另一个时辰

去肢解漫长的黑
暴露很多不光彩的事情
或者照亮一些曾经绝望的内心
我从它的暗示里抽取筋骨
去重新拼接
形而上的,过去与未来

我从故乡撕裂的口子望过去
看见了,它的栖所

落叶如痴

心中创痛,总是被秋风的手
一次次撕开
让悲戚慢慢洒落

满地是夏季的诺言,而
余热已然散尽。就像分手之后
你头也不回地走远

所以我找不到自己的驿站
漂泊,或者错过
都不是内心的选择

我短暂地四处飞翔
想要从凋零的时光里辨认出
你曾经的浪漫

保持热爱

风、落叶、腐烂的气息
并不妨碍
另一些清新悄悄萌动

我们听见那些鹅黄或嫩绿的
童谣
并不仅仅是
唱给前辈的挽歌
太阳沉没。黑幕低垂
另一个世界却亮了起来
她原本就是一粒种子
前世今生,都在撒播
闻鸡的时辰
所以我们没有理由去埋怨
一个短暂的夜晚

保持热爱。这是
一个珍惜尊严和浪漫的人
螺旋式上升的快乐

老兵

儿子、儿媳和孙子
都去了南方。老兵有点寂寞
就衔着旱烟
坐在村口的碾子上
吧嗒吧嗒
过往那些零碎的烟叶

云层很低,要下雨哩。老兵
感觉心口有点异样
胸袋里摸索出来一生的珍藏
折叠的粗布被层层揭开
就像剥开灶台上一个洋葱
眼角的皱褶开始潮湿

这块锈迹斑斑的金属。它在回放
阴暗潮湿的丛林
和丛林中一番番惨烈的肉搏
老兵佩戴它的时候,胸前的弹孔

尚未愈合。心窝隐隐作痛
那感觉,就跟现在一样

而那些硝烟,那些弹片
那些破碎的身躯和凝血的战旗
如今已依稀遥远
就像儿子孙子和许许多多其他的人
都在渐渐遗忘
这个抽着旱烟的老兵……

老兵抬头望向村外。有点吃力
那条蜿蜒模糊的小路
悄悄伸向山外的战友和亲人
老兵真的累了。他靠着碾子
让眼皮慢慢合拢。这一刻
老兵闻到了村口月桂树的气息

眼角,挤出一滴浑浊
被天空洒下来的点点秋雨稀释

隆冬

河流开始冻结。一些鱼
在黑暗中体验
行进的冬眠。它们默数着
冰面上阳光的脉搏

一面硕大的镜子照耀天空
不断反刍星辰的含义
试图将冰刀划过的痕迹
还原成往常一样热闹的日子

树丫脱光全身,并未感到
一丝尴尬
都这样瘦了,还在乎冷风
再掠走什么?

城市和乡村已达成默契
酌几杯黄昏打破寒冷的宵禁
等到窗花开放的时候
再去围观放牧寂寞的雪人

胡须

七奶奶走了
一夜间
院落内外杂草丛生
就像七爷的脸

女人带走了白天
而男人
留在了夜晚

今夜如此蓬乱
花草树木，在风里踉跄
七爷的残枝
一茬茬催生衰老

两个人的长椅
落下来一些零碎的星光
仿佛天上的奶奶
撒了些泡沫
想给七爷，再刮一次胡须

三月

雷声碾过惊蛰的窗口
宣布冬眠终结

生锈的农具重新找出来
那一地冻土
能翻出来多少梦想
鱼虫不解花事
它们啜着这一年最早的落瓣
以为又到了伤感的时节

其实这是破土的故旧
是快乐的开端
她们像一些笋尖,剥开层层面具
代表三月
开启了另一轮回的
绽放与凋零

很多东西,开始萌动和拔节
包括新的盘算

慵懒过后

我坐在树荫里,举起两只手
伸向天空深处

发麻的感觉并没有减轻
我把耳塞拔出来
终于告别了乌兰巴托的夜
这首曲子已经消耗了
我一下午的情感

我从面前的凳子上倒了一杯茶
这茶,“呵呵”
已经只剩下“呵呵”了
我想院落外的绣球花也一定孤单
就缓缓地站起来

准备将手里这半盏孤茶
分享与它

嬗变

聚光灯下，我的影子
开始陌生
登台的日子，唱念做打
都在琢磨
似是而非的生活

久而久之。习惯了演戏
习惯了
用装扮的姿态走路和发声
行头堂皇，仿佛
已然远离卑微的世俗

从此活得朦胧而华丽
灵魂剥离躯壳
身段与台词，终于成为我
路过人间的
唯一标志

幼雏

冷空气翻越秦岭
来回抽打
南方的树丫

鸟巢在鞭梢上摇晃
幼雏拽紧母羽的衣角
哀鸣零乱,而恐慌

她们没有经历过
如此颤抖的夜晚
仿佛,世界即将沦陷

无法入睡。辗转至背痛
母亲的羽腋也孵不出
往日的,喃喃呓语

多么希望那些衔来的种子
在飘摇的枝头
长出些许耀动的星光

鸽哨

早春的第一曲鹅黄
以童谣的姿势
飞天而过

旋律有些单调。却
驱赶着
鬓发上,残留的寒冷

它们划破僵硬的长空
然后
在裂缝里种下阳光

洒下来,照亮皴裂的面容
照亮
内心归巢的小小楼阁

寻找

这些年,我一直在寻找
一把破旧的藤椅
就像风,寻找内心的栖所

它的扶手,曾因顶着一个人
疼痛的肝区
而蔓延为精神的河流

沙丘尚在。偶尔有几只鸟
在林子里
啾啾那个人瘦削的名字

而磨破的脚印不在了。它们
被时日的风沙掩埋
让我无从跟随,他的行踪

有人告诉我,那把椅子
其实就在
这片覆盖沙丘的泡桐林里

灯柱

就这样一个人撑着
用光线缝补
黑夜的破洞,冬天
缓缓流进颈项
像一块冰冷的糖
粘在离心脏很近的地方

窗户都在偷窥
瞳孔里全是寂寞的荒草
一个女人
将悲凉的旗袍
披在风里
去掩盖光亮的开衩

在风中

离开枝头,剩下的日子
不再遥远
晚钟,是唯一听到的声音

没有驿站。也许错过
就是命定的旅途
你不能在钟声里辨别方向

我知道栖息地就在前面
在那里
有一座将要完工的坟茔

枯黄的草。会在来年
长出青青耳语
告诉我,世上的消息

无花果树

我始终未能如愿
拥有一朵花,为什么如此之难

就想让夏天多一抹彩云
让蝴蝶驻足片刻
让晚钟,披挂几缕
属于我的暗香

失望的姑娘靠着我
她的肩头在耸动
哭泣,来不及绽放的芳华

我的花塞满哀怨的罅隙
她们无法公开内心的秘密
不能阻止姑娘的伤悲
她们并不知道,晚钟为谁而鸣

所以我至今未能开花
我想这才是我终生遗憾的理由

迟到的月光

如此昏暗的夜晚
每跨出一步
都会踩到，一个模糊的夏天

鱼虫和青纱帐
在城市的郊外聆听沙漏之声
节奏匆忙
虽然不能呈现
某种花木繁茂的璀璨
但能听见
男人和女人的喘息
以及老槐树下
关于碾子的传说

小河无声地流淌
它匍匐在逶迤的黑夜
期待邂逅，一些迟到的月光

天空之上

因为羽毛
白云散开了想象的发梢

用滑翔的曲线
去俯瞰人间
到处是迷失了的夜晚
或者清晨

一点点地寻觅
这才是孤高盘旋的理由

而那些路过的时日和悲欢
变得越来越小
唯有想象的羽毛
还穿梭在天空之上

多年之后

所有的花
都深情地开过了
而我们
已忘记如何去采摘

一只蝴蝶飞过
我觉得很像当年的情景
正好有一只
停在您的发辫上

季节都老了
它们躲进迟暮的深处
像一口很深的井
日子又如何能,将它填满

我们甚至
忘记了各自的模样

落地的羽毛

这种情景
让我们相信这个世界
仍然并不遥远

这些可以在空中飞翔的翅膀
退化成今天这个样子
一点也不出乎意料
因为我们正沿着同样的轨迹
在前进
而且乐此不疲
我们抵达的时候
甚至比这些羽毛更加轻微
心灵蓬乱
就像鸡鸣里失重的嘶哑
在风中无力地沉浮

能落地的
只不过是,一些时光的瑕疵
和另一些时光的瑕疵

念想是用来放弃的

当我明白风的时候
就开始了追逐

直至天黑。这些奔波已然白费
所有的风
都来去自由
而我,还在寻找路标

何不去灯下读书
何不去夜晚耕种,甚至放纵
让一些念想
像孩子一样慢慢离开

所以不再追寻
让风,去陈述时间和空间

我的夏天

时光在繁茂的林子里
珍藏了阴影

一些慵懒和嘈杂
有了比较舒缓的姿势

几枝三角梅撑破窗口的视野
许多疼爱开始燃烧
红的像是火焰
而紫色的,应是放纵的女人

水车把零碎的黄昏
送给路过的风

不经意间
我浑身贯穿着热烈的念想

我们是阳光的一部分

整个世界
都在溶解宁静的晚霞

大海以深邃的暖色调
去临摹
更加深邃的天空

我们紧紧相拥
就像两片柔软的嘴唇
贴着人间
一个幸福的缺口

这种心情比两颗糖
更能体会
什么叫热烈

当我们成为阳光的一部分
这个世界,就只剩下一张糖衣

半夏

今年的夏天说来就来了
天空烫得猝不及防

空气里弥漫着
麦子晾晒出的离情
一些树更加繁茂。一些花
捧出鲜艳的颜色

城乡都散发出热烈的情绪
而蝉声与蛙鸣
将这种情绪一再拔高

找到一棵树,靠着它的背影
听它体内的耳语
如何告诫一些傲慢的日子
稍微谦卑一点

抵达视野之外,才发觉
这个季节正在饱满

一个人，一道江水

我坐在先生落水的地方
看汨罗江
缓缓地流淌

心情透彻。汛期还未到来
江底石头清晰可见
只是不知
哪一块留下过先生的念想

能否等来这个漂泊的人
他的《离骚》
逐渐变得跟内心一样抽象

这是一种挣扎的修辞
或者，又像一片硕大的鱼鳞
在人世间的浪花里路过
成为一部分时光

龙舟划过的时候
感觉他的目光像清澈的江水
从精神的堤岸上漫过

一点点生疏

这个城市
已渐渐与以往不同

它曾经的那种稚真和蓬勃
已在流水中
失去光泽
街头的从容慢慢消弭
我们一边虚构着博大的社会情愫
一边讨论,要不要
把饭局上声色未动的清蒸鲈鱼
打包带走

以往熟悉的人或事物
仿佛清明的细雨
去向不明
而一些陌生的尾气或牌匾
却篡改了街道和天空
一些劝告你如何守望朝霞的人
其实刚刚
拦截了你的黎明

这个城市正一点点生疏
恰似,被隐藏的心情

倾情出演

晨鸟衔来日头。太阳花
又有了
凝视的方向

我背对夜的影子
像是在清点,一世的积蓄
剧本,渐渐地就薄了

而追光仍在环绕
故事燃情
不知何时何地,才是结局

黄昏披着火红的斗篷
抖落谢幕的掌声
一树丹桂,开在深秋的舞台

也许接下来的剧情
只有时间知道

举着月光的人

你举起月光
想要照亮路过的夜晚

像一只黑鸟,侧耳倾听
谷雨之后
青纱帐的声音

南风摇动树梢
捎来几粒世外的萤火

给日子一条小路
去穿越山野
去抵达,内心积蓄的黎明

让溪水,清澈地漫过
你模糊的投影

风从哪个方向来

掠过田野，掠过老屋之外
弥漫的炊烟

到黄河岸边
看泥沙俱下，看老把式撑开
往日的渡船
看女人嬉笑的滩沿
如何洗菜
如何捶打，男人的衣衫

儿时伙伴如约而至
何处是，那些赤脚奔跑的少年
这家乡的水啊
一瓢春饮
一瓢秋割
一瓢还濯清，东西南北的旧谈

就三瓢吧：石头，剪刀，布
岂管它，风从何来

又见桐花

每年清明
都会经历这样的紫

像一些疼痛,挂在
暮春的枝头
即使不谙花语
我也伤感你说过的每一句话

一串串的塔铃,摇曳
冷风传言
我总是在同样的倒春寒里
感受你不一样的消息

我仿佛不记得你的模样
不记得
你是否答应过
再次重逢

还是在这样的猜测里
你如期而至

你如何能

当电线杆子
挑开冬天的伤痕
大雪承认
它不能覆盖一切

孤独不能阻止你
陪伴夜晚
就像不能阻止一只蝴蝶
去等候春天

这个世界不会给你一个理由
让你砍断时光的藤蔓
倒下的早晨
如何能,溅起鸟儿的歌声

还要种植那些剩下的日子
聆听一些清脆的远方
你如何能
让心情,独自老去

最远的枝头

春天了,她与过去
没什么不同

她的眸子,让旷世
逐渐明朗
泥土开始柔韧
一滴黎明攀着枝头的睫毛
反射出清脆的鸟

春是一种古老的新意
所有的熟悉
都在绚丽与朴素中不断交替
柳枝细腻着塞北
而红杏,却粗犷了江南

整个春天
都在最远的枝头眺望

一个人的城

从第一缕阳光落地
到月黑风高,我一直在奔跑

我熟悉这座城市
熟悉它的道路、高楼,它的
霓虹灯和便利店
我的触须,无数次抵达
它的隐秘之处
那里的梦想疲惫而年轻

我在这里
没日没夜地,寻找自己
而这个城市
始终对我三缄其口
就像一朵花
未必愿意结出沉重的果实

然而这并不妨碍秋天
完成她的使命

早春的声音

涉过回暖的溪流，风声与咳嗽
都渐渐柔和

河岸的心情变得青翠
新枝被串成摇摆的歌谣
给旷世明朗带来意外的影响
鱼群不再冬眠
开始耳语
春天散布的消息

鸽哨翻飞着，撒播各种方言
点点滴滴
让空谷悬念四起
几声鸟叫，概括了清凉的早晨
而桃花
正一朵一朵地，睁开眼睛

仿佛女人涂着口红
揣摩远处，一个模糊的男孩

清明

须芒草不能说话
但心里
却固执地，拒绝任何诺言

你能否听见
踏青的消息随风而过
柳枝弯曲
摇动一年里空前的明朗

而路碑
指引着细雨和凛冽的酒
去梳理你荒芜的长发

一只黑鸟落上树丫
姿态像是，踩着微醺的钢丝
这种焦虑
像坟茔一样年久失修

烟火袅袅……燃几炷
并非情愿的香
再次默认，一个年代的妥协

风语

冷空气翻过秦岭
柔软的南方渐渐悲凉

只是路过,只是留下
一个背影
而花木皆成了摇摆的黄昏

秋黄在散布聚会的消息
却有耳鸣
扰乱了传递的私语

只好做一个站台,木木的
等错过
去邂逅另一次错过

无论是否回头
你都放逐了相约的日子

你好,地平线

清晨凿开时光的窗口
整个世界铺展开来
地平线远远地对望着我

那种历经苦难和黑夜的辽阔
让尘世显得谦卑

天空如此矮。大地空灵
海水平静
太阳在濯洗,她普照人间的气息

你好！地平线
谢谢你带给我崭新的问候

你这样等了我多少年
你以同样的姿势拥抱我的祖先
情怀,始终不变

我知道你还会,以同样的宽容
拥抱我的子孙

大年十五

七爷踩着高跷
路过往日王府的门口

烟花高悬
照亮七爷的胡须
那些悬挂着的故事已经老了
七爷还想年轻一回

唢呐是如此熟悉
七爷却觉得有点遥远
他舞了舞手里的链枪杆子
喝彩声压过了锣鼓

七爷看见七奶奶向他挥手
绢子白白的,像一朵云扑面而来
又像一阵雾
紧跟着擦肩而过

七爷觉得面颊一阵柔软
仿佛掠过,一个时代的发梢
他绝不后悔
满街的灯笼成为绝唱

七爷蹬着跷靴
颠着七奶奶的背影,袅袅而去

做几件惬意的事情

拾一片正在冷却的阳光
夹进
枕边的书页
等到夜深的时候
再去翻她

饮一壶似曾相识的错过
去梦里
期待重逢
等到醒来的时候
再去疼她

写一段摆渡自己的墓志铭
刻在
路过的风上
等到清明的时候
再去读她

有了这些
什么时候都不再枯黄

春天里

一些树叶
从去年的旧事里探出头来

她们的姿势十分坚决
就是要唤醒
河岸上,一些搁浅的鹅黄
凋落的旅程
已经腐烂
暖风却带来世上新的消息

冬天真的融化了
鱼群相约在时令的缺口
啜食新的阳光
鸽群载着响器,将天空分割
点点滴滴
都是零碎的桃红

一个熟悉的季节
让心情,焕然一新

剪影

镜头逆着太阳，审视
路过的日子
事物就省略了许多细节

这似乎
已经成为常识

很多人并不喜欢这个常识
他们逆着光
却又希求，得到清晰的人间

就像风吹着风
想要成就，一段公认的历史

你站在一个绿色的路口
笼统地说春天你好
却忘了问候柳丝、蜜蜂和花蕊

她们联袂的剧情，浓缩成了
一句旁白

镇口拐角处

从昏暗的灯光里走出来
七爷突然想吼几嗓子

七爷的卒子刚刚过河
老黑的旱烟袋就掉在了地上
甚至没有咳嗽一声

初冬的风推着飘雪的九月
从冷清的街头
漫过更冷清的街头

七爷成了这个小镇上
封存残局的,最后一个棋友
他哭得像一个小孩

但凡有七婶或半碟花生米
他也不致醉成这样

就此别过

四个字
轻轻抛在站台。仿佛飘过
几朵墨云

天边滚过一阵雷声
铁轨倒是哑了

轮到该下雨的季节了
心情
已裂开皱褶

桃花、李花和梨花
都谢了一夜

接下来是孕育果实
谁又能
是那授粉的蜂

腊月帖

谁知道墙外的蜡梅
是否开了
同样苍白,去问那一镰弯月

这是壬寅年,最后的蜡黄
它将没有嗅觉的日子
开放得如此笨重
望着窗口那块裁剪过的旷野
又觉得宽容是那么重要
她能把疼痛,梳理成洁白和柔软

小寒大寒接踵而过
偶尔有鹰隼在低空的青灰盘旋
寻找坚冰深处的涌动
星光洒落在公园的长椅上
冷冷的
像一些残留的萤火

烟花终于冲破了夜晚！告别
散落一地的鸡毛
将一个红火的腊月,高高挂起

不是童话

冷，然后是热
疼痛，从每一个关节的土壤里
生长出来

看见儿时的纸船
在天井的雪水里挣扎
它的舌苔
已露出衰竭的颜色

把它拾起来
甩了甩水
然后贴上滚烫的额头

海市蜃楼倾塌了
它比沙漠中摇曳的卷柏
和传说中的石斛
更能还魂

腊月

墙外的蜡梅
还没有香,就悄悄地褐了
进门看脸色
今年的腊月,没法看

公公在床上喘着
旱烟忽明忽暗,替了梁上的灯
婆婆上个月突然走了
而数落,至今还挂在墙上
她爹无事可做。干脆蹲着碾子
一杯杯的,饮他的南方

二婶一边磨刀,一边抹着
腊月的刀锋。再难,猪还得杀
只盼年后
院里院外,都再缀满桃花

新年来了

伸出你的双手
让我看看,你都握住了什么

那是朦胧的回暖
你在拥抱,一个陌生的问候
旅行重新开始

像花草一样轻轻摆动
像执念一样绽开
像风,穿过峡谷坚韧的情怀

给不愿衰老的日子
撒播一些阳光。让鸟儿带上你
去等,简淡而安的云朵

你伐着一棵沉思的大树
想要拽紧,它倒下来的背影

期待中的事

看得见
你把我撒进故乡的河流

流过曾经奔跑的地方
这些地方
早已远离红尘
依然保留了
一些怀念的秋天,甚至花瓣

枕着陈旧的香
以及,陈旧的乳房
我缓缓驶进
另一个世界。在漂流的坟茔里
接纳你的桨声,和清澈眼神

你的消息
仍然闪烁着,洁白和柔软

退后一步吧

为了羸弱的羽毛
能够保持
深秋的姿势
让落木包容重生的理由
就像天空
在闪电中不断碎裂
去濯洗
大地的阴影

退后一步吧
宽恕那些背叛诺言的日子
让内心
重新回到柴米油盐
总有一天
我们会活成所有的人
将一朵阳光
自主地,别在胸前

去照耀
接踵而来的夜晚

秋风之外

这个季节的每一棵草
都在摇晃
而根，却隐匿于秋风之外

远处的城市
正在经历一场清醒的死亡
但你能深刻地感觉到
一些犀利的目光

它们都在目送
西风从身外呼啸而过
一路的摧枯拉朽

仿佛要给这片土地
留下一点遗产
而心情
正在露出越冬的棉絮

没有一棵草被连根拔去
它们守在原地
相信有一个春天，在悄悄生长

没有认输

虽然无话可说
但心里
却固执地，亮着那灯

你能听见
血液在血管壁上飞快滑过
那些弯曲的里程
谁能绕开恐惧的夜晚
每一片叶子
都在找寻将要消失的路碑

一只黑鸟降落树丫
摇摆的姿态像是踩着钢丝
你已记不清曾经的从容
像一个精神病患者
在反复焦虑
如何发出内心的呼喊

这证明你没有认输
虽然那灯
恰恰暴露了你的犹豫

大雪

这是一个凛冽的时刻
土地像一张白纸
告诉你没有什么必须为你停留

它的反光
足以照亮黑暗的后背
让前额成为傲骨

脚步声终于破碎
它的碎片,比一朵朵雪花
更加欣喜

它们在这个时节,埋下了
来年的收成
承诺,于雪白之下

这的确是一个凛冽的时刻
而土地深处
一个暖冬,正伸出绿的嫩芽

远方有多远

即使在梦里，也没有抵达过
那个一直拔节的地方

那里似乎不可企及
人们在树下采摘
感觉手中的收成仍在灌浆
鸟鸣在旷野里
唤醒一浪接一浪的花朵
树叶翻讲季节的故事
不知疲倦

我想象每一瓣浪花，想象
阳光飞溅的样子
这让我萌生了对现实的谦卑
我发烫的面颊如红叶一样飘零
找一个原谅的理由吧
为什么
就没有一个年轻的消息

从那里摘下一片云彩
比种下一个愿望，更加遥远

你拥有什么

闭上眼睛以后
除了风,你还拥有什么

花不是你的
云不是你的
甚至,你的房子和亲人
都不是你的

我们常常以为当下属于自己
事实却恰恰相反

你从未主宰过一分一秒
你化妆,演戏,然后
在人生的后台悄悄走失
留下一面镜子

没有谁能够记得你
你已随风飘散

冬天还有多远

已经很近了，伸出手去
一把就能握住
很凉的风

这是一个漫长的旅程
我们踏过喧嚣
去寻找，一些宁静的花朵

花瓣是纯洁的
她们让这个世界变得柔软

我们似乎在等待一个仪式
等待一场虚构的伤怀
让落木的痴情深陷其中

真的很近了，田野将被掩埋
你已无法丈量
那些蹑足而来的消息

芦花雪

还能在这片滩涂上
见证芦花飞雪
深秋的悲凉已不重要

我现在无法确定
自己的内心
是否也像，一头苍茫的白发

要么在风中凌乱，要么
一片片离开
去寻找自由，或自由的坟茔

何时才能逃脱
这一袭白茫茫潇潇而下的
疼痛

落叶

离开枝头以后
短暂的悲情
也可能，打动这个世界

这一路没有驿站
也没有，命定的栖所

也许遇见
一个少女多愁善感，将你夹进
她伤心的故事里

轻轻地，生怕惊扰了
梦想的脉络
或者就陷入某一摊泥泞
然后葬身于
另一些叶子的诺言

等她们带来
这世上，或多或少的消息

夜过了,又是清晨

灯油不多了,火苗疲软
它渐渐萎缩
像一粒渗血的玛瑙

请不要,将那些拯救的管子
插入它的体内
让它像这个夜晚,体面地熄灭

燃过了,这不需要提醒
也不必在意
是否有人记得,路过的黎明

熄灭是真正的远方
它一直在等
等一个永远的清晨,降临

终究会感到意外

谁能想到，荒凉的路
可以走出
如此别样的风景

冬天还有些距离
果实悬挂成时光的灯笼
虫鸣沙哑而略带愁绪

风载着些叶子
找寻栖所
往日霓虹在着手冬眠

旷野色调参差
偶尔有一两只黑鸟滑翔而过
昭告世上的冷暖

真没想到，太阳匍匐了
还留下这么多
令人感动的，阴影

重阳

这时候
季节已转悲凉

去登高，只为了望远
而树木花草
都像是摇曳的黄昏

理一理秋黄的私语吧
又被耳鸣
拦截了路过的消息

插茱萸的人，年年减少
他们不是不能来
是来不了

或者是，来不了了
他们掩埋了这个节日

季节将不再往复

暮色撩开夜晚
每一个走过身边的人
都感觉
似曾相识

他们让我想起自己
童年、青春
追逐路上的煎熬
以及,渐渐回归的从容

现在的季节
就像是一些糖,或者黄连
溶解了时光的雨水
变得融洽,而亲近

所以无论冷暖
都再也不用担心
什么时候
你会叫停,我的快乐

一条河流的走向

你从我的门前流过
是因为
绣球花开了

你绕过阻挡在前的山峦
机智地
转了一个弯

你的走向，完全取决于
地心的引力
而与思想，或者金钱，无关

所以你漫过脚踝的时候
我从未担心过
你的将来

绕道

有些路你想走
但荆棘过于茂密
所以绕开

比如河流与山相遇
定会绕着走
它不在乎山的鄙视
很平静地拐弯
然后，流向大海

这种态度
其实是对某种风景的
惊鸿一瞥

风,吹进身体

沉重了太久
多想找回点往日的飘逸
尽管七月的风有点烫
尽管它仍然浑浊
但它
毕竟进入了
我的深处

记忆漫过洪水
而花店正在贩卖良知
我像一棵罹难的草
在明白和不明白之间飘忽
被各种眼神打量
然后成为
那种没有记录的人

它形状沉痛

一路撕开我心头的云朵

我像枯槁腾空而起

卑微的泥泞

顺着十一个脚趾头淌下去

点点滴滴

都是悲愤的气息

如果不是那根拐杖

我不知道,会被吹向哪里

清晨，第一声鸟鸣

我弄不清这第一声
唱出来的
到底是什么

父亲的咳嗽
一整夜，就没断过
母亲走进厨房的时候
公鸡还没有打鸣
隔壁二婶推豆花的响动
像是在哼一首儿时的摇篮曲
而凉风趴了趴我的窗户
又回到了悠远的山林
那里栖息的夏天
一袋烟
就热闹起来

谁能告诉我，是哪一只鸟
就这样
清脆了人间

一条搁浅的鱼

是涛声，把我推到这里
我除了翻滚
还是只有翻滚

这里离海不远
离陆地也很近
沙滩就在我的肋骨之下
一会是湿的
一会又是干的

我知道我的处境不妙
滩涂就是深渊
我的侧翼和尾鳍在这里失去了支点
你不能抓住你的头发
把自己捞出险境

我用朝天的那个眼睛
端详日月
而另一侧，已葬于黑暗

他们贪婪地窥视着你

许多贪婪窥视着你
眼神贯穿着,迷人的修辞
他们说这些荆棘
其实是在,保护青草不被践踏

只可惜并非每一个人
都能看见
那些掩饰荆棘的花丛后面
馋涎的利齿

我们可以躲过弓弩
却躲不过
遮盖了黑洞的
慈悲

虫鸣

我们
躲藏在草丛的影子里

去模仿
月亮涂抹庄稼的声音
此起彼伏

埋怨,甚至争吵
都无意预支
那种远离从容的黎明

我们并非惧怕光明
黑夜,不过是
敞开内心的一个原因

歌唱
另一些潮湿的感想

背景板

一朵花
凋谢
才是她绽放的理由

我在漆黑的荒芜中
听见月亮
移动的声音

生活沉痛地告诉我
悲剧
才是舞台上感人至深的一幕

用一生去追逐一片蓝天
以及风
和鸟儿的翅膀

等到伸手去采摘一世辛劳
才发现那些果实
原来是,如此多余

有风吹过

不必告诉我
这些树叶
为何要，这般扭捏

蝉声被灼心的消息
燃作灰烬
当人们祈求初秋的悲悯

临摹刚刚开始
你就抹去了，她的痕迹
一切如此匆忙

期待你这一次回归
或者离去
都不再是，两手空空

醒来的时候

沙漏也能凿开风眼
当时光
在这里逗留

青藤被困在心情之外
漏下来的
只能是，走石飞沙

旷野失去距离
而日子
渐渐积为一座座山丘

就像是
我们分享着，连排的
坟茔

一辈子的左顾右盼
在这里
推倒所有的墙

我们用泪水拥抱你

儿子
你的背影在八月的目光里
变得彤红
我们远远地
站在你们身后,用骄傲
拥抱你

我们的家园
我们共同的根
我们的快乐和苦难
都在烈火中
永生

儿子
你的汗水浸透了八月的野蛮
让瘴气变得温柔

我们坚强地

站在你们身后，用泪水

拥抱你

为你降温

为你解渴

为你濯洗

睡梦之中，遮盖笑容的蒙尘

2022年8月26日晨，于北碚

总有一天

总有一天
秋风里折断的不仅是叹息
枯枝与落叶
都包含重生的理由

总有一天
天空的雨云会透明如镜
它用承载的黑
濯净大地的阴影

总有一天
日子不再是谎言的奴仆
心情张满风帆
即使阳光在沙滩搁浅

总有一天
我们会活成所有人
我们紧扣手指
将一切苦难,碾作齑粉

一个太阳照耀一生

小时候
天空总是灰蒙蒙的
阴沉着脸
想画一个太阳
却找不到
梦见过的颜色

父亲在工厂开车
他的棉线手套
有点油腻
父亲默默递给我
一盒蜡笔
那是一个六月的下午

天啊！世界原来
如此多彩！

终于,太阳出来了

它在一张毛边纸上燃烧

金黄色的光芒

穿透了

每一扇,我噙泪涂抹的窗口

歪歪斜斜

这个太阳,从此照耀我的一生

快乐,而温暖

一个老人的楼阁

街边,有人刷牙
牙膏是盐吧
泡沫散发着日子的味道

临窗望下去
杂货店门外悬挂的帚帕
还是那样冷清

偶尔有一些鸽子落下来
短暂地修补
楼阁里,残缺的心情

撒一把米,看它们啄食快乐
一边梳理
旅途上,零落的羽毛

倾听
某种遥远的声音……

月亮穿过云朵

一只船,夜夜漂动着
深邃的海

那些浪花
为什么一定要涂抹她的面庞
我不知道
她固执地要穿过这些夜晚
是想去什么地方

我一动不动地
仰望着她
等待抛锚的时刻
时光的眼睑
不知不觉,就布满了鱼尾

这时的月亮像一面镜子
她惊诧地照着我,泪流满面

我不是一个智慧的人

智慧的人,历来都是
悲观主义者
这是卡夫卡说的

我不是一个智慧的人
所以我很快乐
鞋裂了,脚趾头反而轻松
眼镜碎了,却可以
看不见这个蓬乱的世界

喜欢那些远离智慧的人
他们拙朴着
尘世间最真实的情感
封条,甚至铁丝网
都不能,阻挡他们内心的歌声

这种朴素
只能在蔑视阴霾的时光里
一点点沉积和生长

在焚毁的遗址上

这些美的残肢
从灰烬里站起来
证明,一个朝代的没落

我能听见毕毕剥剥的
燃烧
宫殿与园林,在干涸的湖泊里
沐浴蛮荒

它们站起来,站成
疼痛的石头
解说未来,为什么还会疼痛

有一群小鸟飞过
几粒种子
落入石头与石头的缝隙
长出另一些残肢

钟摆里的风景

四十年前
萨拉热窝的一位钟匠
从钟楼里走出来
街上人流熙熙攘攘

他说:消灭法西斯
自由属于人民！然后一声枪响
他倒在那场露天电影里
配音略显沙哑

四十年后,某种
深刻的感动
仍像晚风的十指
徐徐梳理,我心头的白发

而那个斯拉夫人
遗留的钟摆
催生了一万朵,从容的马蹄莲
去出席,杀戮者的葬礼

和平、正义、忠诚……
它就这样咔嗒、咔嗒着
在歌舞升平的年代
齿咬未来

仲夏

我披着高楼的影子
去打量那些醒来的锚
它们在城市的深处，经历了
一个沉睡的春天

季节突然就富庶起来
枝叶繁茂。热浪
掩盖了内心，残留的清贫

一些旧的店铺重新开张
顾客比空调，更加疲惫不堪
毛巾擦过汗湿的心事
焦灼，躲在口罩的阴影里

蝴蝶倒是格外欢快
心情的公园
被知了唱出来一些烦躁

毕竟，生长在继续
我听见早年埋下的一些种子
正在绽放
几朵未来的花

搁浅

这是我一生中
画过的，最孤单的舢板
它被蜡笔
涂抹成了蓝色

在童年的想象里
船是蓝色
就像天空和大海一样

刚刚画完船身
老师说：你见过这样的船吗？
所以它躺在毛边纸上
一直没有下水

我不知道这算不算搁浅
我的想象
从此，跟它一样安静

在角落里

不要小看任何一个角落
那里的羊群
已经错过放牧的时期

干草上的花，悬挂着
同样过期的命运
而狼牙已装扮成慵懒的下午
仿佛一个僧人
在闭目敲打木鱼的心经

镰刀割下所有的麦芒
将它们腌制成可爱的宠物
树木抛弃果实
用枯枝瞄准未来
远处一些侥幸的机会在拼命奔逃

不要小看任何一个角落
那里的眼神和刀
都在切割，牛排一样的危机

母亲

摔一跤
就摔碎了晚年的日子
母亲的舞台
现在,就一张床

她一定不想用这样的姿势
去谢幕余生

保姆是农村来的
悄悄对我说
每天换那么些尿不湿
有点熬不下去了

但我知道,躺在床上的母亲
比保姆,更加难熬

愿上苍下一场干净的雪
为我铺一条路
为母亲铺一条路
宁静,而柔软

一只乌鸦擦亮夜晚

一道道黑色的光
都在夜的搅拌机里
被粉碎了
它们想成为闪亮的灯
就像我,想抓紧自己的头发
把我
提起来

直到一串黑色的凄厉
将夜幕撕开
它“刮刮”的呼喊
刮去了
黑暗的皮肤

樱桃红了

樱桃红了
澳洲的樱桃,每一颗
都噙满了南半球
灼热的阳光
而中国这片土地,正在
飘雪

我知道
这是你,一粒粒摘下来的
含在嘴里
满腹是你指尖上
汗渍的余香

这些年
每当我感到寒风彻骨
你都会
将那个殷红的夏天,以多汁的

方式

在我心中，涂抹

也许不再谋面了

而树梢，每年都挂满重逢

在樱桃红了的时候

抑或

下雪的时候

味蕾上的胡须

爱和被爱,都是孤独的花
既美丽
也会凋谢

真的爱并非虚构
它的窗花,却由命运的手
随意剪出来

在爱的橱窗里
良知是模特,是非卖品
尽管,出卖良知能赚得更多

爱本身不是真相
爱的真相
藏在婚姻的腌菜坛子里

有爱的人不怕迟暮
长满胡须的
味蕾,大多已经麻木

童年渐渐近了

那不是太阳,也不是
路过的风
它是一盒蜡笔
涂抹在翅膀上的,日子

我画过的一棵树
它的头顶
一个圆圆的眼睛
如今,噙满了苍茫

它看着我
看我这一辈子
如何
走进那棵,慢慢倾斜的树

桃花雪

一万滴泪,释放春天信号
花瓣衔着融化的寒冷,阳光
闪烁初恋的光芒

我们从滴落的纯粹那里
去萃取曼妙
将心情,染得透亮透红
寒冷的纯净,蕊丝几近透明
尘世变得清晰起来
以至,映出内心的自卑
冬天快要流尽了,那淙淙的水
一万个花瓣,渐次走进
解冻的深处,洗涤岁月陈垢

我在二月的山坳里,拾取
黄昏。心头
脚印正浅浅地分行

清明之前

三月从来是湿的。雨水和泪水
在这个时节,如约而至

每一片树叶,每一棵活着的草
都在滴着
你不知道的消息
我备好了一些文字。一行行地
排列在你喜欢的毛边纸上
这些纸会告诉你,我的余生
在等待着什么。以及为什么等待
还有一壶梅子酒
足够重温,两个人的黄昏

我有足够的勇气告诉你
很快,真的很快了
我就能零距离地陪伴,你的孤单

四月来了

四月来了。它驾着风车
将阳光旋转成
我一直向往的,清脆的日子

这些日子,是鸟儿叫出来的
它们站在花蕊的顶端
让蜜蜂快乐戏耍
酿一盏灯,照亮所有的屋子

我倾听,旷野拔节的声音
仔细辨认,一个僻静的名字
就像婴儿,要去吸吮敞亮的乳房

这种情感让我一生富足
忘记了饥寒忘记了黑夜忘记了伤痛
忘记了
是否还要去清算,冬天的瑕疵

退行性病变

春天淅淅沥沥地,来了
腰椎的退行性病变并未减轻
我似乎
注定要变成一只虾

这个时代十分流行。弯腰的
弯不下去
直腰的,直不起来
我就这样了。你们说什么都行
直不起腰来并非因为贫贱
而是两节腰椎
挤出了预先设定的轨道

你们现在可以玉树临风
我断定是短暂的
风大了,也只能剩下一群虾
抑或,还不如我

不负韶华

孤独从没有门的家里走出来
等候一些人
给出一个美丽的答案
然后又反方向地，走回去

去收拾
散落在家里的脚印

我的脚印。我太太的脚印
我儿子的脚印
还有我的母亲和我的孙子的
脚印

四代人，终于聚在一起
我们没有辜负那些焦灼的时光

也许就这样了

用几朵桃花
虚构一个春天
我相信了
将一壶矿泉水倒在杯子里
敬来敬去
我也相信了

后来你说我打的那几针
和盐水差不多
我却固执着不相信
我觉得这件事情,极大地
侮辱了
我的智商

也许就这样了
我们的底线,还没有来得及
构筑堡垒

似乎有这种可能

如果能
从你内心的褶皱,和
藏在褶皱的悲悯里
读懂我的未来
读懂一片片萧瑟的花瓣
我似乎
还可能有救

但我知道
这对我要求太高了

我总是
在下雨之前
去猜测,哪朵云是湿的
却从来没有想过
是否应该去寻一把伞
来周全
将要零落的人生

谷雨

门缝里看出去。没什么特别
一个节气而已

布谷鸟在很遥远的地方
而明前茶
是去年的存货

墨汁罄了。我用眼神
在天花板上
书写年迈的心情

春天在窗外悄悄离去
我朝几个白色的人
挥了挥手

细雨贴着玻璃
像一些泪珠

一杯冒着热气的水

有一天我看见拱桥下
两个蜷缩的身影
相互推让着,一杯冒着热气的水
心想那些裹着硬纸壳的灯
正在熄灭
没有人,能够将它点燃

如今我蜷缩在时光的轮椅上
掰着指头
清点剩下的空寂
冷风凛冽而过。我甚至
连一块隐藏颤抖的硬纸壳
也没有

梦醒
总是在走过苦难之后
经历了刺骨的寒冷
才想起,一杯冒着热气的水
原来是
那么珍贵

老歌

一根弦绷得太紧了
让岁月紧张
紧张到,忘了下一个乐句

其实没必要记得歌词
它曾经那样流行
四十年前,已被传为经典

当历史被分解为一个个音节
亲情像锯屑一样洒落
拾起来的音符,依然熟悉

两岸的树,树下的水土
希望留住的
恐怕,不仅仅是根

谢谢参与

不要因为
一场比赛的输赢
而去欢呼,或者鄙视
就像春天里的
一场雪
它既突兀,又很自然

我们来到这个世界
一生都在重复前人的挣扎
每一件事,都塞满了
失望的空旷
空旷到
跟没有发生过一样

值得庆幸的是
总还有谁记得你的努力
比如刮开彩票
每个人都能得到
时光留给你的赠言
——谢谢参与

月光下的空杯

曾几何时
青花瓷如此空荡

那些芳草和鸟鸣
缺席了,整个春天
我想象
你微醺的脚步
还在某地徘徊,寻找
家的坐标

寻找风
或者曾经的驿站

如今弯月倒悬。竟然
斟不满
一杯念想
昨日的余味,变得如此淡薄
像一根拨旧了的丝弦
渐渐不为人知

时光就是答案

什么时候能走出去
心里想，谷雨之后吧大概
春天走了
我还是没能走出去

我从窗户里看到几只鸟
在一棵树上
啄食
那些金黄的枇杷，被我
想象成太阳

后羿一样拉弓
将寂寥射过去！一次，又一次
没有一粒搭理我
我相信那棵树上的太阳
不止九个

没有人告诉我，这算不算
堕落

后果

周围都是水。寒冷
吞噬了光线
冰缝里漏下来各种饵
暗香。浮动

诱惑繁衍的诱惑
这些轻浮的厚重,打消了
找一处僻静
去繁殖快乐的念头

原有的丰满自觉地消瘦了
将快乐分娩在
此时此刻。分娩在
一锅迟早要沸腾的,汤里

冬天的边上

一只脚踩进鬓边的浮霜
另一只脚
还陷在秋蝉的遗言里

我们总是在时光的滑梯上犹豫
那是一种对到达的恐惧
虽然岁月是一列回不来的高铁
日子却偶尔会停顿和观望
多么希望讨回春日的彩云
而人生的天空,一条灰蒙蒙的
毛巾,已然冷飕飕地搭在
冬天的路口
就这样站在末季的边缘
想象一个凋零的女人,是否应该
忍痛放弃
那把被年龄刮走的花伞

然后,将陷在忧伤里的
那只脚
努力地拔出来

元宵

当正月的高跷扭到街心
唢呐开始撒欢。汤圆
就起锅了

人们围着热气里的灯光
搜寻走散的冬天
一边品味,团圆和分离

而那些悬挂着的灯谜
仍在期待
一个别样的答案

是否能将今夜凤箫
理解为
正在醒来的桃花

语者

背光而坐，他的孤独
被放大成陌生的墙
冷风在梭巡。仅一墙之隔

他试图与风说点什么。而风
一掠而过。只有几片
雪花，在窗棂上稍作停留

灯影干涸，且佝偻
看上去
像一堆被遗弃的沙丘

想不起什么时候，她的耳语
躲在了时光窗外
钝痛，是今晚想到的唯一说词

另一种雪

没有想过要非议什么
诗人的语言
在这个时代从来就没有硬度

而雪,多么柔软的一种美和圣洁
如今却成为一个金属词语
那些晶莹,开始生长死亡的红锈
向着权欲的灰烬堕落

它已愧对洁白的面纱
当无辜的血将它浸泡,弹片削去
新娘手里的鲜花
就像海洋,在腥风里沦为液体的沙丘

白的？红的？黑的？

我再也弄不清它的属性。而事实

已将白茫茫一片净土

变成了,时光的切肤之痛

这个世界需要包容的事物太多了

但绝不包括这些背叛的雪

尤其在如今,那些掩埋和平的地方

危机

三月如水。光线依旧寒冷
折弯了柳丝的腰肢

几条鱼,刚刚辞别冬眠
开始寻找一些诱惑
浸淫的绿或者暗香,打消了
找一处僻静
去繁殖快乐的念头
它们摇着消瘦的尾鳍
去触摸,沉默太久的涟漪

船头。几只大嘴的鸟
耐心地等着它们

倒叙

冰雪融化,人们拾起
被掩埋的
落叶和秋风

斯拉夫人的悲鸣
就在这里
为朋友的遗嘱落款

葬礼之后,煮一杯
昨日的咖啡
回想他们做发小时的样子

就像第聂伯河,默默流过
去寻找
往日的婆娑

你是一束黑色的光

梦是可以重复的。而
你的名字,在我的梦里
从未出现过第二次

你的容颜像一朵云
体温像花,隔着湿的玻璃

我想深情地呼唤你
却忘记了你的姓氏。而且
声带嘶哑

但我知道那就是你。一束
黑色的光,夜夜飘忽

问题是
每当我一步步向你靠近
就会,诡谲地醒来

挽歌

一只鸟再也无法归巢
她的羽毛
坠落在苦难的浮尘里

城市和乡村都点燃了烛光
穿透疼痛的黑暗
去照亮她,回家的渡口

春天突然凋萎。她的花瓣
像冰冷的泪滴
在抽泣的土地上,纷纷洒落

祈祷之声,盘旋于苍穹
人们双手合十
默念,生而为人的守望

观鸟记

它们把我的寂寞串成童谣
对着半掩的窗户,唱来唱去

有点幸灾乐祸。被跳跃的
那棵栎树
离快乐,稍有些距离

正是我想象中的那种扑腾
爱情在叶丛背后,挣扎

我在窗户上哈了口气
试图描绘一些它们的故事
而飞翔,带走了开篇

翅膀勾勒出世界上最美丽的曲线
留给我,一幅空旷的写生

原野上的树

这是一个错误。路过的鸟儿
刚刚会飞,还衔不稳一粒种子

就在错误的地方生长。去经受
苦难,挣扎,或者偶尔快乐

没有亲人,没有朋友,没有爱情
每一个年轮,都在滚动孤独

它唯一的事情,就是掰着指头
去倾听,无色无味的时间

日出,滴答一次
日落,滴答另一次

零的逻辑

落叶不是零,凋落的枝头
更不是。而
停在原地的风是

分手不是零,甚至永别
也不是。但
老死不相往来的邻居是

看不见的尘埃,在光柱里
起舞。光亮消弭
布朗运动轨迹刹那归零

物质不灭的维度上,人可以
赤裸裸地永生
但不包括,权势和金钱

等一场雪

雁阵送来秋寒的消息
没有暖气的南方
开始整理心情的棉衣

视野枯黄,鸟巢摇晃着树丫
幼雏紧拽母亲的衣角
在惊惶的冷风里转辗入夜

拧不干的黑四处蔓延
草叶上的霜
宵禁了街头或者村口

夜读,铺开临窗的黎明
等一场雪
给繁缛的尘世留白

尘封驾照

岁月的绢子,擦净了
它的脸面。一笔勾销
这些年
速度扬起的尘沙

它的内心
我早已倒背如流
年审,或者迷途的疑虑
从此成为珍藏

一滴水珠,爬行在后视镜上
我理解它此时的心情
这一别
就是永远

湿的云

黑黑的，压在头顶
一群蝎子，或者
硕大的蘑菇。争吵、翻滚……

根，原本就在地下
在深潭处藏匿的种种意志
袅袅爬高，聚为倒悬的洞穴
笼罩膝下红尘

然后像一堵被粉碎的墙
飘落，或者垮塌

履历被带进江河湖海
只有时光
能记录它一次次的出走
和回归

而它的足迹不再灰暗。仿佛
指缝里，漏下来
一幅沙画，短暂而透明

平行线

他和她。一路相望
两双眼睛
相隔着，一个人生的操场

回暖的风，偶尔扬起
各自的暗香
只可惜花期太短
而那条赭红色的围脖
晾在竹竿上
苦苦等待，一个错过的冬天

后来日出成了另一端的黄昏
两个行囊
用手机丈量耳语

他和她都听见对方蹑足而来

而心弦

却在拨动年轮滚动的声音……

就这样，一世相望

两行

美丽的诗，没有结尾

在冬天伫立

用一面镜子
去照耀青灰的天空

而那些熟悉的景象，比如
绿荫或虫鸣
都消失在镜子背后

一片树叶历尽艰辛，到达
栖息之地。然后
用厚厚的雪掩埋了旅程

二叔的老古董挂钟，为何也要
在这个时候歇息
冬天的风，不愿留下答案

独居

从街头自觉地消失
走进一扇
属于自己的门

墙上的牛角滴下来
西藏的阳光
几张发黄的照片变得年轻
一具埙,两片和田玉
粗糙或腻滑
推着我向外蔓延

临窗,有一些花伞移动
而这种守望
绝不是故意等候

我的身影被台灯放大
终于散发出有点陌生的气息

快乐从叙事的章节升起
又在悲凉的结局坠落
而这一切,都
无人喝彩,也无人斥责

门外偶尔有风路过。让人想起
昔日的朋友。风声背后
我看见了所有看不见的面孔

旁观者

在路上。这是造物主
给每个人生
导演的全部情节

拼命向前挣扎。背包里
塞满
迷茫的风雨

永远看不到自己的终点
在那里
只停靠冰冷的鞋,和墓碑

然而有一座时钟,却一直
悄悄记录着
所有的过程和结果

蚂蚁

一队蚂蚁路过窗台。它们
艰难地搬运着
过冬的食物
寻找一个可以避雨的地方

我想起大约六十年前,一个
多愁善感的男孩
趴在门槛上
心疼着今天遇见的同一件事

这些渺小的生命,让我
又一次感到心疼
我并不庆幸自己
比它们多一个栖息的阳台

我知道在上天眼里,人类
和它们没有区别

拥抱

为了留下
一点温暖的感觉
冰,不惜拥抱阳光

而我拥抱沉静的夜
是希望内心与风
能摩擦出闪亮的激情

没有想到的是
黎明
拥抱了我

镜子碎了

偌大一舞台,转眼
便成了碎片
剧情被迫中断
卸妆的后台撒落一地
惊愕在零散的反光里
穿插磨砺成刃
弯腰拾起一片,尖锋
直插眉心
思想一阵剧痛
而那渗血的
是迟暮的人生。它刚刚
划破了手指

往日

白发模糊了记忆。依稀
有一队纸船
去了北方

一片树叶
被时日镂空
夹在河流的文字里
梳理浪花的脉络

她的手。纤细纵横
触须
在昨日阳光里飘浮

那些温暖，被遗忘
在斑驳窗棂
晾晒
某些似是而非的日子

视野之外

音律、脉搏、胎儿的心声
看不见的风景
恰恰能描绘抽象的童话

一个人禾下乘凉的梦
可以蔓延
成为一片象征意义的海
秸垛、落叶、静止或漂泊
收获与凋零
都不能代表秋天的心情
如果有人告诉我，七色光
昼夜消融着极地冰川
我会觉得这是时代的缩影

置身于视野之外，才看见
落日在播种
另一个鸣鸡的时辰

数星星的人

我们在一起数星星
已是五十多年前的事情

那时候你的眸子无比明亮
就像是在透明的田野里
镶嵌了数不清的雏菊
我斗胆想过,能否摘一朵下来
插在你的头上

只是夜空实在太深,太深了
我始终未能够着

记不清数到多少颗的时候
我突然收到
你发辫里散出来的迷人消息
我一辈子都在自责
竟没有悄悄把你记录下来

以至想告诉你如此懊悔的心情
都不知你在哪颗星里

诗人

今天的诗人
已不是美丽的创造者

今天的诗人和诗一样病入膏肓
他们认为歌唱就是艺术
这种错觉
让诗人保留了一些外在的光鲜
当诗人成为这个社会
一个矫情的群体
语言就失去了色彩和声音
他们在漆黑的夜晚
用漆黑的文字去堆砌华丽辞藻
成为时间和思想的垃圾
诗人在过去、当下,或者未来
永远是大海里
一队颠簸而零落的纸船

他们在自恋和短暂的浪花里
透支尊严

红日

这太阳，是旭日还是落日
谁又说得清楚

在形而下的世界里
它是旭日
就一定是落日

东方红过之后
又必然
成为西方的一团火焰

所以我宁愿相信
它不偏不倚
就在万事万物的顶空

给时间
留一个灿烂的笑容

厄尔尼诺

它终于还是来了,它要把
今年的夏天
变成一把灰烬

蜻蜓和蝴蝶在天空自燃
记录有史以来最癫狂的草书
草木如绿色火焰
把江河折叠起来,塞进
时光的枯井
人类像蚂蚁一样钻进河床的裂缝
搜寻高贵或者卑贱
一些热浪在冰川的心潮之外
溶解残存的极光
然后散落为
整个行星的蒙尘

只有风逃过一劫
它在心有余悸的大洋之上
回望,一个蓬乱的人间

重复的车站

有个小孩
骑在绿皮火车的脊梁上
他的手里转动着
时代的风车

我从咖啡馆的窗户望过去
谁的父亲
正在用一张彩色的纸
折叠他的童年

那个小孩牵着父亲的手
走进转动的风车里
而我面前的黑咖啡,正在溶解
一块时光的方糖

这个世界已经很旧了
而溶解的岁月,依然那么清晰

遗言

我在小屋前面,修了
一条碎石路
能够通往我们约好的地点

路旁种满了太阳花
肥已施足
但需要后续浇水

我希望,你来看我的时候
这些花能够告诉你
我的消息

和我
来不及表达的意思

夜影中的蟋蟀

我们
躲藏在草丛影子里

去模仿
月亮涂抹庄稼的声音
此起,彼伏

民谣,或者乡音
都尖锐而清脆
常常刺破,寂寞的黎明

我们并非惧怕阳光
黑夜,不过是
袒露心声的一个原因

只为歌唱
一些被埋没的感想

寂寞

一个人
在院子里喝酒

青石板上
偶尔路过的一只老鼠
小心翼翼地看着我
我丢给它几粒花生米
都不理睬
然后很不开心地
走了

好像它的那些孤独
是我造成的

立秋

癸卯年的夏天
没等到饱满,气数就蔫了
她在嘈杂和蓬乱中
戛然而止

杜苏芮号啕着
平添了多少罔顾的情仇

哀号汹涌着无孔不入
淹没院墙和收成
秋天在这一刻到来
注定要,容忍一万种委屈

从现在开始,你必须
挤出一点时间,与信念相处

你不可能踏入同一条河流

夏天那么坚韧
没有觉察到，秋日的来临

洪水并没有退去
我不想知道
盛开的太阳花
是否很快就要凋落

相信明年
必然还会如此亮丽

也许来年的花木
不再懂得今夏的心情
我仍然怀揣着流淌的梦想
期待她们觉醒

卷起
另一些时光的浪花

瓦尔登湖

这个地方只有风和鸟叫
以及
一个叫梭罗的人

他用草屋和文字
在湖边竖起,一面思想的镜台
让倒影反射出
独处的,自由之光

每一个人世间挣扎的灵魂
在这束光里
化作飞舞的尘埃
通向,找回自己的路程
宁静的力量
像瓦尔登湖一样不动声色
孕育了
最生动的浮世清欢

是风，鸟叫和梭罗

用瓦尔登湖

定义了，一个全新的世界

野菊

她们站在路边
有一种暖色调的清新
迎面扑来

母亲和女儿
都愿意掐一朵,种在发间
当那些高贵
一树树凋落的时候
她们帮助人类
坚守低调的奢华

一片片的橙红
一片片的黄
或者一片片的希望

求职信提交以后

傍晚,有潮湿的空气路过
并没有带来什么消息

老黑在我的脚下呼噜
没有蓝猫该有的睡姿
我一边听着耳机里的刀郎
一边数着
地板上凌乱的泡面盒子
心中盘算
是否出去加入那些广场的大妈
也胜过这些寡淡的啤酒

一道闪电划过窗口
打消了我所有奢靡的念头

蚂蚁

我的腰直不起来
头颅像吊在秋天里的胃
一点点下垂

恰好看见
一些蚂蚁,在搬运食物
它们为了冬天的温饱
整个生命
已经弯曲得不像样子了

我觉得这样活着
没有什么意思
尽管它们活得比我自由

距离

见字如面，我承认
我们的生活
已不是想象中的样子

你的来信那么简短
仿佛很多事情从来没有发生过
那些夜晚，那些诺言
以及那些羞于启齿的邀请
都像绒毛一样
被不经意地飘浮在空中

我愿意离你很近
这时有一树树的梨花盛开
然而风景突然就切换了
那些刺眼的光线
让季节和收成的姿势
同时变得模糊

就像窗台上的一只小鸟
必须和我，保持周全的距离
癸卯桑落，顺颂秋安

小诗选

很冷的日子

一些树叶飘下来
一些雪花飘下来
一些悲悯的鸟叫飘下来
一些泪水飘下来

它们在公园的长椅上
挽留我的黄昏

我把坐过的痕迹留给它们
就像留下一封遗书

错觉

浪花来过了,还会再来
问候一些将死的鱼

螃蟹横着走
一路散布
像是虚构的谦卑和欢乐

偶尔落下几只海鸟,都不作声
它们偏着头
揣摩这个抽象的世界

一片遥远的白云
或者是帆

陌生人

他在我前面走
背影让我想起隔壁老王
老王弓腰背着废纸壳
去废品站,就是这个样子
他没有背废纸壳
让我觉得他是卸下了
背上的东西
刚刚从废品站出来

旧

人要生锈
只需一日

童言

下雪的时候
鸟不叫了
我问孙子为什么
孙子说
鸟不是好鸟
天也不是好天

老伴

早已不认得我了
每每擦拭他的嘴角
都想擦亮
他生锈的记忆

火锅

我们在辛辣的日子里
打捞
零碎的人生

这不是传说

关于鹊桥的传说
火起来了
这说明鹊桥
一直没有搭起来
就像新闻里说
这娃跟老王没关系
其实就是在说
这娃跟老王有关系

微信

亲爱的你好

天上正在下雨

有点想你

或者是想你做的早餐

饿了才发觉

离开你是多么无聊

甚至愚蠢

没力气写下去了

就这样吧,颂安

哲学命题

把脚浸在河水里
让它切换历史和未来

每当河水漫过脚背
下游就成了渐远的过往
你不可能
踏入同一条河流

就像身边的人和事
每一天都是全新的样子

陌上

这条路比较蓬乱
夏天还没走过
秋日的消息已在蔓延
一些果实成熟不了
而收割的影子
渐渐发黄
燃烧过的旷野变得抽象
人们在灰烬中等待
鲜花盛开

体检

女护士很热情
她带着我
楼上楼下地跑
还给我介绍新上的项目
不到半天
我就觉得活着真好
只是她始终没有告诉我
我的倒计时
何时开始

一根羽毛滑过秋天

她那么轻盈
轻盈中略带些悲凉
像一曲
迷途的萨克斯风
飘摇在
寂寞的心里

秋天那么辽阔
我担心
她什么时候才能回家

凝视

你睡着的时候
样子很好看

我看见草木生长
看见一支鲜活的口红
看见风、谷子和七星瓢虫
它们在夜的天花板上
和你起伏的呼吸里
隐约出没

我很费力地打量它们
耗尽了余生的夜晚

实话

站到凳子上
站到山顶上
抑或
站到云端的飞机上
你的身高
都没有改变

鱼

在水里
躲过了子弹
避开了荆棘

还是没有躲过
饵
以及钩

格局

冲得过去就冲
冲不过去
也就罢了

人家守在对面的
也不容易

初夏

一枝蔷薇
一百枝蔷薇
面庞羞红而低垂
花瓣上的泪
萃取了
春天的遗嘱

家，相同之处

每扇窗户后面
都站着
一大堆故事

夜色里
谁在弹奏十面埋伏

只等时光的手指
来捅破
那一层纸

破绽

春天的布景里，飘下来
一叶红枫

这不是破绽。记忆中枫树的嫩芽
原本就血色饱满

由此想到，曾几何时
红叶与秋霜就有了必然的关联？

就像笔与诗，梦想与睡眠
其实都是独立的存在

而在时光的版本里，真实是一种
破绽。爱情是另一种

暖冬

路灯昏黄。萨克斯风
流放着
悲凉的伦敦

小女孩走过来,朝
张嘴的琴盒
扔了两枚铜币

一只白鸽
轻轻落在演奏家肩头
溅起些许的雪花

托尔斯泰的快乐

让星星
躺在怀里
花儿
绽放在前额

将故事
挂满图拉老屋的胡须

用流浪
写完一生中最后的
也是最伟大的
作品

无处躲藏

将生命交给日子
让它揭开你的伪装

就像一个农妇，在河沟里
淘菜一样

她掐去你身上多余的部分
然后濯洗污泥

本色渐渐清晰
连根须，也纤毫毕露

在时光的流水里
你无处躲藏

镜中人

笑容有点空洞
眼角是浑浊的黄昏

牙齿上的韭菜
让我想起
一块溅了些泥淖的墓碑
上面写着
这个人不需要唤醒

我把镜子
摁倒在桌面上

遗嘱

保温杯留给阿姨

存款七千元
孙子买文具用

三季度房租已交
是否续租由儿子确定

获奖证书229件
一件不少

全部交还组织

沉默的缘由

下雪的时候
整个林子都不叫了

雪地上的脚丫
概括了鸟儿觅食的历程

它们一边充饥,一边颤抖
但没有一个吭声

这说明天太冷了
而这些鸟,都是怕冷的

形象大使

请问大使
作为这款手纸的代言人
你觉得
它妙在哪里

美女一笑
——显而易见
它既可以擦屁股
也能擦嘴

吉尼斯纪录

砍一棵树
将它的一头削尖
恭喜你
创造了世界上
最大的牙签

整容之后

从韩国回来
看见老公捧着花
在机场出口东张西望

过去打个招呼

老公吃惊地望着我
问了一句
你是谁

心理暗示

根据专家教诲
我在心里告诉自己
你是最棒的
一遍又一遍

二十年后我觉得
自己真的很棒
我吃方便面都可以干嚼了
不再需要开水

云烟深处

醒来伸个懒腰
就抻开了
一个懵懵懂懂的早晨

清脆与另一声清脆之间
第二节腰椎在柔软地咳嗽

树枝上有一只松鼠
鼓起小眼睛,端详这个世界

不知它看到了什么
是否应该包括
茶山、茅屋和移动的孤独

我的梦想微不足道

浮尘在干冷的冬天里
寻找
栖息的时机

而时机
蜷缩在露天的皱褶里
没有小楼可以躲进

它们在颤抖中
幻想自己是一朵晶莹的雪花
整个冬天飞舞起来

干柴

这些干柴,被一场大雪
包裹得严严实实

渐渐地
它们
不再急于燃烧

等一场雪

那种洁白和柔软
已经是一种遥远的事物

我的内心出现了许多皱褶
里面塞满了尖锐的沧桑

而那些洁白和柔软
在这些褶皱里,被挤压得
越来越模糊

一直相信在某个日子的某一时刻
我会回到一种熟悉的轻盈

请不要关门

天色有些暗了
风声渐紧

农人成了田野的瑕疵

他们在收割稔熟的时节
晾晒未成年的种子

的确还不是关门的时候

土地和村庄
都必须,继续敞亮

中秋夜

清风、明月、我
分享同一个夜晚，同一扇窗

风张开翅膀
滑翔于云泥之间

月色从容，让人们
活成所有人

唯我，背靠冷寂的水泥墙
饮着云和静默

像是一本书的中间
坐着一个逗点

读者是更清醒的人

写诗的人
渐渐像诗一样
病入膏肓

他们为每一件事物忙碌
忘记了
这个世界
早已是，满脚泥沙

谁又能
用几行咳嗽的文字
将它洗得干净

妈妈

头发白了
牙也松了
她的影子有些蓬乱

天黑时分
风来,风去

带走了
她留下的
最后一缕炊烟

念想

发卡，将湖蓝色的
童年，别在
尘封的抽屉里

胶鞋，在操场栏杆上
悬挂着
遥远的呼喊和回声

而这片树叶，夹在日记的
叹息里，等待邂逅
曾经错过的，那一阵清风

世态

茶凉了，是否
还有那把熟悉的壶
为你续水

它在定义，渴的花
会不会枯萎

哪怕只有一滴
也能滋润
干涸的荒漠

去做一个干净的人

掬一捧初春鹅黄，填平
额前的沟壑

燃一地炎夏之火，焚尽
心头的伤痕

淋一场痛快秋雨
冲刷生命里凋零的碎片

披一身宁静冬雪
轻轻覆盖不安分的灵魂

然后从头到脚，从里到外
成为一个干净的人

关于零

如果将一个人视为零
一群人叠加起来
仍然是零

结果很残酷,因为
视人为零的人
他的价值也等于零

所以任何个体的人,都应有
大于零的权利
这是基本的逻辑

窗外

两只鸟，来回追逐
翅膀
勾勒出快乐的天空

远山沉坠，残阳
向云絮
投射着告别的文字

一行行，静若抽丝
慢慢缠绕
次第点亮的人间

成熟以后

买回来的脸谱
挂在墙上
放进抽屉里

后来摆得满屋都是
有时用灯光,透射成
一面黑色的镜子

总之有人来的时候
我可以随手找出一个面孔
让人家喜欢

虔诚

许愿池前
大家都在投硬币

我翻遍口袋
没找到一分钱
只好拿出信用卡
在水里刷了一下

心中念了一句
佛祖见谅

看不见的手

开门七件事
柴米油盐酱醋茶

时代变了
睁开眼睛，心心念念
只剩下三件事：

看微信
刷视频
发朋友圈

升起就是落下

它在窗口这边
晒我的背
又在窗口那边
晒我的脸
在这个转动的世界里
东方红过了,又必然成为
西方的一团火焰

恕我冒昧
我觉得它就是一枚
备受煎熬的蛋黄

一辈子

我想你,总是在
开花的时节
而春天不会有任何结果
一阵风,一场雨
悄悄尾随秋日的收割
捡起的却是一穗穗
散落的惆怅
心情凋零的时候
时间仍然繁茂
尽管我们已满头白发

书笺

文字、图像、色彩……
真实或者杜撰
一片镂空的树叶
始终
坚守全新的起点

夹缝里，她为
繁缛的时光
提供清晰的脉络

组诗选

感恩（微组）

一

印第安人
将南瓜分送给饥饿的登陆者
而回赠的，却是子弹

二

一只小黑鸟
将雪地里最后一根僵虫
放进母亲的嘴里

三

黎明，有鸟叫
一个盲人伸出手去

想要接住
叫声里漏下来的阳光

四

牛的确老了
它倚着沉重的铧犁
偷偷落泪

隔壁
有人正在磨刀

五

暖风拂过
桃李捧出内心的芬芳
这是她们一生中
唯一的珍藏

自然鼓点(组诗)

春

冰雪刚启动向东的旅程
姑娘们便找出了尘封的裙子
比阳光,更迫不及待

穿上桃花和柳叶,她们
一次次出没于乍暖还寒之处
抖落一地眸光

回暖的风推开一扇扇家门
又从窗户里
吹出来新鲜的笑声

街市嘈杂起来。原野生发出
崭新的遐想
河岸开始朗读嫩绿的童谣

一叶纸鸢划破灰蓝背景
携着希望的鸽哨
越飞越远,越飞越高……

夏

烈日让宁静变得奢侈
虫鸣是主旋律
而蜻蜓,将思想留给荷花

千里原野没有黑夜
日子一直在焚烧
它们的灰烬上升为云

许多鸟儿躲进了午睡。树荫下
几位拿蒲扇的老人
用旱烟驱赶蚊蝇的袭扰

他们交换着都市捎来的话题
一边等待时光的刀锋
对望眼欲穿的团聚开镰

一个女人扶着门框。凝望
葱茏之远
她在倾听枯萎的脚步……

秋

收获与埋葬，在这个季节
相逢一笑
生与死，终于握手言和

我们将春天的耕耘割下来
放进沸腾的锅里，萃取
思想的精华

碾子的痕迹变得十分柔软
铧犁也煮得铿亮
反射出窗外层次加深的色块

黄叶漂泊了一会,撒下几粒盐
然后允许另一片黄叶将其覆盖
把遗言彻底掩埋

根在地下记录着上述仪式
一边侧耳腹内的胎音
计算什么时候再一次分娩

冬

人们竖起衣领匆匆而行
鞋底磨破寒冷
心里想着家的温暖

大地渐渐入睡。梦见白蛾飞舞
给万物
盖上一层厚厚的棉花

一本书守着火炉,它在想象
远离冰雪的海岛和雨林,是否
可以冷静地思考

时光的旅途已经缩短。仿佛
哈一口热气
就能悬挂在初恋的前额

而地下暗河并未冻僵
流动的水声已然宣告
另一波万紫千红,正蓄势待发

栖所

当一朵花成为诗意栖所
我们的美感就会非常单一
暗香是无形的网
你无法抖去肩头的蒙尘

就像凡·高，每一笔都在传递
生命的联想
而向日葵，却在烈日下
痛苦地焚烧

一只蝴蝶从容飞离花蕊，带走的思想
只剩下含糊意义
而遗留在柱头的心情，能否孕育
另一次绽放？

独坐花间，想起一些逝去的往事
觉得眼前的艳丽感人至深

我决定把昏睡的阳光
远远抛在身后

吹埙帖

埙孔里流出来的岁月，永远
拖着沉重脚步
就像一片树叶缀满虫眼为珠
将昨日风情糟蹋殆尽

吹奏者的联想，很真实地躲进
六个音孔
在深不见底的墨夜背后，托付
一万朵花的凋零

我们站在现代荒原之上，一遍遍抚摸
脚下的卵石，它们现身于
裸露的河床，早已被时光
锉平了一生坎坷

秋风推着沉吟逆流而上
两岸树林始终无动于衷，它们
数千年来一直以同样的姿态，去消弭
埙孔溢出来的哀伤

路灯

路过清冷之夜。月光已死
她的遗言消瘦了高楼形体
影子被灯光绑架
坚守一个季节的孤单与傲岸

我常常希望家中的灯，能闪烁
在密林深处
让我清点那些丛生的欲望，是否能
像果实一样缀满时代的耳垂

那个半圆的池塘蛙鸣聒噪
让一盏昏黄

显得孤立无援。它落魄地站在那里
仿佛女人在告别青春的年龄

我们就这样默默对望。它的宽容
将我拉成颀长的河
期待漫过
横躺在前面的日子

背景

并非所有生命都滋生
高贵的灵魂
比如一朵昙花,凋谢
就是她绽放的理由

月亮移动的声音,只有在漆黑的
荒芜中,才能谱写
具体的光辉。她用事实证明
悲剧才是舞台上感人至深的一幕

我喜欢用睡梦去想象一片蓝天
那种透明的色彩,只属于
风和鸟儿的翅膀。而转辗红尘
早已像浪花一样破碎

当我们伸手去采摘一季辛劳
日子已随风走远
才懂得岁月的背景里,一切奢望
都是如此多余

如期而至

轻轻推开你茂密的庄园
我的沉默
开始显得深刻
一条精神的河流漫过黄昏
给夏日
披上了荡漾的清凉

我在迷途的花草之下弄丢了
你的路标
那些
已卸载思想的树木正在孕育果实
我想象不出
它们在子房内渐渐丰满的样子

原以为熟悉的路径,被落日
拖进细长的似是而非
白昼只剩下疲惫的倒影。仿佛
黑夜的密谋即将达成

让月亮
饥饿地倒悬于一个苹果之上

虫鸣四起。我在
夜幕卷起又落下的间隙
去捕捉为我准备的星光
我知道在某一扇窗棂背后
一些萤火虫
正悄悄对我招手

空壳

拾一枚蜕变的蝉壳
去承受
整个夏天的重量
心情像天边一片片零碎絮语
在浴血的硕大澡盆里
小心翼翼地游走

河滩上远远站着一个人
面朝对岸那些花花绿绿的泳衣
发呆，抑或
他也像时光掏空的那枚蝉壳
被落日
捏在疼痛的手心里

远处的高楼和立交桥，定义了
一个繁华的时代。而窗户
仍然亮起久远的灯光，陪同
这个似曾相识的夜晚徐徐落下
遮盖了
尘世的空空如也

雨季让我们变得成熟

无论如何，命运的钟点
不会接受
季节的安排
夏夜雷声的确让呼吸变得焦虑

而内心
仍然梳理着宁静的花

雨哗哗落下
它不是文字,不是一笺暗潮
它在努力冲刷大地的疮痍

悲愤的雨,常常
将时光击打出裂痕。漏下来的
却是一辈子情感的积蓄

等到雪花覆盖了我们的身体
整个大地
必将生长出稔熟的白发

风是女人的专利

勾魂的长发需要飘起来。纱巾
渴望摇摆,而裙裾

却一定要在不经意间轻轻按住
就像玛丽莲·梦露
在某一天某一个街头,用惊艳
倾倒人世

其实今天的女孩比起往日经典
已清纯了许多。她们的每一朵笑容
都飞溅起灿烂的惊讶!甚至
那些膝盖上的破洞
也能像纺车一样摇出蓝天白云
让美丽自由翱翔

她们熟练地驾驭着风,清澈眸子
随风飘移,就能拭去
烟雨陈垢或时日的哀伤。让我们
不得不重新审视
那些不再被祠堂或艳俗羁绊的脚步
如何就催生了满地鲜花

她们的飘逸是时代的帆,让
日子一路弥漫着暗香

秩序

起床,复活僵硬的肢体
煮一杯今天的咖啡
然后找一把未来的椅子
让日子对号入座

拉开季节的窗帘,看一只鸟
自由地扇动阳光
心情便踩上了云朵
却找不见那支涂抹彩霞的笔

脑海里涌出来一些时髦词汇
转眼又像浪花一样消失
尽管它们好像遮掩着历史的锈纹
还是觉得陈旧的思想有了新意

等到晚风来访,开始盘算
酝酿轮回的时间,最后

决定在那条通往密林深处的路上
将脚印诗一般地分行

六月

蝴蝶用彩笔在一块发烫的
玻璃上
写满了看不见的草书
汗香之间,依稀可以辨认出
几个繁体的“熱”字

蝉与蛙不知疲倦地举办着
一场场歌赛
几只蜻蜓歇在荷塘白嫩的肩上
担任特邀评委。眼神
暗地里交流着为谁发奖

偶尔有几个佝偻身影,很耐心地
给田垄补水。就像早些时候

一勺勺给怀里的孙子喂粥
往日那些粗壮的古铜色,而今
却被城市工地上的烈日烤得黝黑

花草皆仰起头。希望脸上
阳光列队的同时,也走过来
几颗雨滴
原野的绿发自内心
她们悄悄孕育着想象中的饱满

膜拜的理由

一座山让人仰望,是因为
山顶的美丽,以及这些风景后面
蕴含着的
故事或者情感

这绝非俯首之后条件反射的
颈椎运动

也不是庙堂之中
面对神灵烟霭的故作惊讶

其实世上的许多事物,都有
值得仰望的理由
一棵树,一朵花,抑或一只小鸟
都可能深深地嵌入内心

有人渴望自由便将选择托付给风
有人心怀悲悯而把泪水奉献给雨
而我,却永远在疼痛中
去挖掘那些被锈迹淹没的尘埃

比如蹬三轮的白方礼老人。他用汗渍
将灵魂送上高贵的云端
让人性的木屑,在时光的锯齿下
无休止地洒落……

落叶像河流一样

西风之下,落叶纷飞
让我想起漂泊的过往。常常埋怨
一生失去太多,就像一棵树
被季节剥夺了色彩
最后成为枯瘦的孤独

而根在地底下收容黄叶之死
去默默酝酿来年的新绿
她在告诫:如果以坚强的名义
始终盘踞着生命的高光
秋天就不会展现出如此的辽阔

日子原本就像一条河流
一边消失,一边又漫过来新的充盈
消失者最终融入深沉的大海
而后继的章节,会一如既往地
从容流淌

黄昏降临,一个纠结多年的问题
豁然开朗:如果一条河
停止了奔腾的脚步,还叫不叫河?
正如我们一直站在原地
就再也找不回自己的自己

明日依旧年轻

日子在一天天老去
像如今的诗
渐渐
病入膏肓

时间风一般地从身旁
掠过
同样风一般的
没有留下任何痕迹

什么时候念书,什么时候垂钓
早已记不清了。而那尾
自由放飞的纸鸢,却始终在蓝天
生动地翱翔

手杖的印信已戳满尘世
它在心灵深处留下一些遗言
台灯射过来一束疲惫的光
让我坚持为一页账单梳理逻辑

晨曦送走又一个不眠之夜,窗外
新的一天迎面走来
她的身影披着仲夏之氅,看上去
比昨日更风情了几分

寒露

冷空气翻越秦岭
将几丝悲凉
推送到南方，猝不及防

枝头开始盘算
如何为来年预订的新芽
腾挪生存的空间

羊群从日显枯瘦的草地上
读到一些
战栗的消息

它们听见磨刀的声音
不知是为了收割
还是将要屠宰

一只大雁，过早地忙于迁徙
成为天空里
孤单移动的秋意

逆光

快门在犹豫中变得清脆
咔嚓
留下一个剪影

你没有五官
没有表情
甚至没有思想

我们披着同样的季节
头发都一般清秀，却暗淡无光

声音应该不同吧
只可惜定格的

除了沉默，还是沉默

仍然值得考虑
你是否记录了
一段，真正模糊的历史

栅栏之外

羊群开始咀嚼恐慌
草地散布着
一些枯瘦的消息

主人在栅栏外面
用一块浇了水的石头磨刀
手指粗糙地试着刀锋

一些客人如约而至
人们相互道贺
说词混淆了炊烟的瑕疵

落日趴着山头

打量黄昏

一排烤架等着戏台上灯

头羊偏着脖子,凝视

太阳留在那块石头上的反光

眼角挤出几滴泪水

就这样噙着

秋水映照着

一些坐在风中的人

他们对冷暖失去了感觉

偶尔有几丝头发

伸进天空

门内第九个夜晚
窗外，该是什么样子？

几颗星星
远远看着云隙下的窗户
灯光溢在眼角

秋天何以如此辽阔

起风的时候
天空渐渐变得湿润

一些雨滴
开始修复龟裂的土壤

种子隐藏在落叶下面
小鸟远远超出想象的高度
去丈量内心的视野

路人在倾听暗河的声音
对招牌闪烁的驿站不屑一顾

秋天释放了风的自由
是以渺无边际

登高

爬坡……从底层开始挣扎
你的背是佝偻着的
就像滚筒里一只蹿不上去的松鼠
只听见喘息

再用力些，竟成了下跪的姿势
真希望山顶上有根枯藤
能伸出手来
拉你一把

不要抬头，这时的风景不属于你
你随时可能踩着砾石滑落
如同
楼梯上蹦跶下去一个皮球

或者
一杯泼出去的暗红色咖啡

墙

在朋友圈邂逅陌生
日子的沙漏便战胜了时间
感悟、赞扬，甚至吹捧源源不断
毫无羞耻地流下来

时间的堆砌失去了距离之感
慢慢积为一座山丘
然后倒过来欣赏。这时的景观
就应了当年大王用枪写出来的诗句
“下头细来上头粗”……

所以生活里什么事情都可能发生
我们一辈子都在盲目地移动
都在为留下何种痕迹犹豫不决
只有这个群里，还能淘出几个真实的修辞

这就是为什么网络必将主宰历史
这个世界所有形式的墙

在这里
都变得四通八达

生命的罅隙

端午一过，年轮就缺了一半
已经记不清昨日诺言
由于太过平凡
没有人告诉我这算不算堕落

烈日焚心，强烈的白光
揭开现代荒原每一块伤疤
露出干裂的豁口
等待一场迟来的暴雨

夜空依然透明
我弄不清，哪颗星星代表自己的命运
陈旧的阳台已头发花白，一把二胡
在描绘一个盲人的忧伤

我伫立如一块发烫的石头
举起夏天的热浪和虫鸣
献给窗外滑翔而过的思想。然后
汗如雨下,泪如雨下……

难得平静

难得路过如此安详的海
我深信在她心底
潜藏了一个不甘寂寞的灵魂
她看上去就是一面灰蓝色的镜子
让即将安睡的黄昏
变得凸凹不平

日月星辰被镶嵌在她怀里
世间万物无处躲藏
而那些被虔诚或谎言剥落的鳞片
在潮落之后洒满滩涂
承担着
甜美或者苦难的后果

这时平静的海蓝成为一个整体
就像初恋时下了一场雪
一床洁白覆盖了苍茫大地
尽管后来一个少女跑过来说
我们去看场电影吧
结果到处都传出生命拔节的声音

所以没有浪花并不意味着死亡
电闪雷鸣也许正在潜水
一些脚印被晚潮冲刷得杳无音讯
而岸边几枚挣扎过的贝壳
就像一首曾经流行的歌,仍然
将我深深感动

也许是注定的结果

走过的路
在一些鞋的墓穴里,安眠

而抵达

却像风声一样空荡

墓碑上写了

——相遇,就是错过

时间是旁观者

它看见路人背上的盐渍

为重逢

铺开一张地图

联想

蝉在夏天声嘶力竭
让人想到
死亡的恐惧

夏天在荒原拼命燃烧
让人想到
秋后的灰烬

荒原让农夫汗湿禾下
让人想到
唐朝的姿势

古老的姿势,以及燃烧与叫喊
让人想到的
是时代的风格

轶事

一觉醒来,发现自己
竟然是一只猫
动物园从来就没有猫
所以我非常安全

也不用去捉老鼠。我们
现在是朋友
这说明
一切事物都是互为转变的

但是我丧失了栖身之所
原来的家成了车库
而今停放着一堆堆废铁
只好四处流浪

于是很想有一方净土
安安稳稳地

再睡一觉。兴许
明天会变成一只飞翔的鸟

删除

二指头轻轻一点
经历过的快乐和苦难
就
全部删除

最后留下的字符
是句号
这个圆圈
涵盖了一个世界的全部意义

从此不再剪切
从此不再存档
从此
成为一个干干净净的人

荷塘

一颗晨露伸出手去
矜持地
摸了一下太阳

举起的伞一阵颤抖
她被那束魂灵深处的灿烂
深深感动

一只蜻蜓俯身下来
对着圣洁和高贵耳语
请相信我的爱情

微风掠起,露珠开始滚动
她要用内心的愿望
去滋润那些嗷嗷待哺的地方

句号

在语法构成中
它代表完成

在生命或世界的构成中
它的意义同样明显
而这样的明显,被关在时光厚厚的
城门之外

出生证的印章、喷薄的朝阳
石子儿落水、花瓣上的露珠……

我们在句号的包围里左冲右突
想要给句号画上一个句号
揣摩起来的确可笑,我们忘记了
悠悠尘世,万物皆是终点

它不过是一个单向隧道的入口
即使岁月,也是有去无回

初春

难得放晴，头顶
冷月略显苍白
一首走失了作者的词
空得有些悲戚

昨日里冰梢的万千水袖
悬挂安分的夜。锣鼓消停
一面镜子
照着后台卸妆的人生

初春的指缝间，缓缓漏下来
些许暗示。村野梦游着掌灯
寻一盏
落单的桃红

春水流

桃花开了,溪流穿山而过
一袭倒影,映红了
曾经走散的,清风明月

有群女孩路过。她们早已
推倒了深宫楼台。发梢上挂满
初恋时节的天真

走近这面游动的镜子
姑娘咯咯笑着,裙裾
拂过十里桃林

彩蝶尚未破茧。而蜜蜂
已踏歌归来,去辛勤打捞
开启明天的锚

二月的风

旷野里残存的飘零
被二月的风
扶上担架

一群鸟衔来零碎的阳光
构筑新的庭院
有人,开始在阳台上晾晒惊喜

鸽哨流畅。一路昭告天下
这一袭暖风浸着桃红
正在预演,逼近心事的情节

风声拨动心弦,我过早地
清扫了残雪。点滴搜寻
不慎散失了的,高贵情感

新春记忆

小火车在公园的雪地上
拉响汽笛。久违了
我们渐渐忘记饥饿和寒冷

沿途有炮仗花奇异开放,一朵
接着一朵。我不知道
是谁预支了若干年后的春天

小女孩在前面飞翔,红围脖
像一只腾空的火烈鸟
执着地追逐梦想中的天国

小火车没有站台,依稀的灯笼
和气球,都成了
驶向另一个时代的号志灯

公元一九七七年,春天的火车呼啸着
消融了一个少年
心上淤积的陈旧疮痍

亲戚

嫁了个男人，就有了一大串
挡不住的亲戚。院子里
凌霄花一夜冒出数不清的枝蔓

二叔二婶从乡下来。驮着
小米或者大枣。这东西
补人哩！二婶附耳告诉我

小叔和妯娌的车有点闹心
他们在城里帮人出渣
串门时却像是超市的老板

堂兄在附近的大学教书
每次相亲
都来我家避难，一本书熬个通宵

公公婆婆算是家长，却始终
不愿搬过来住。耐心地

等待加入接送孙子上学的行列

从前真的没有想过，嫁人
也能将人生
蔓延成如此缤纷的河流

下班

冬月涂着路灯。湿的云
贴着灯柱溜溜地
滑下来。散落冰凉的锯屑

一把黑伞，隔开更黑的天穹
容我清点那些浅浅的脚窝
就像清点没完没了的文案

冷风穿过移动的伞骨，去充盈
城市的每一个间隙
不像我，总在时光的空洞里打卡

店铺都已打烊，招牌却在闪烁
这时我的内心有点酸楚
为什么瑟瑟地走在这条街上

某个窗户里，正在煮一杯
冒着热气的咖啡，那种味道
与出租屋的蓬乱遥相呼应

门洞很熟悉，它一直代表
接纳我的这个城市和这个时代
洗洗，让体内的痛暂且入睡

关于父亲

一个教音乐的人。脸上乐谱
写满凌乱和皴褶
内心的琴键却始终固执地跳跃
用一生疼痛

去修补《悲怆》的伤痕

他的手指弹奏过高亢的序曲
而双足,始终踩在岁月的泥淖里
像一枚印章
要为某种虔诚戳一个音符
一个沉重而鲜亮的音符

讲台上,他让莫斯科郊外的晚上
在中国的这座小城
雕塑出陌生的浑厚和美丽
余音,至今流淌
在那些奔向大海的小溪里

一个姑娘捧着奖杯,面对镜头
说要感谢我的启蒙老师
父亲说她还是唱错了一个附点
然后靠着沙发,在电视机前
很得意地吐了一串烟圈

那是这辈子唯一值得骄傲的成就
成为他余生中反复唠叨的理由
后来他去了一个很远的地方
抛下那些老年合唱团的退休阿姨
在菜市里惋惜再也没有了指挥

杂货铺明日关张

掌柜的两只手抄在袖子里
蜷缩在柜台后面
坐姿,像一只打盹的虾

店门张着嘴,在打一个
漫长的哈欠
偶尔有人进来巡视一番
牙膏、手纸、洗浴液……
在货架上凌乱了队形。而那个

结账用的计算器
身上停靠着时光的尘埃

门外墙上，几支悬挂的帚帕
和褪色的手提袋
绝望地回忆着一些过日子的人
黄昏时分
有位大娘走进来，买了
两盒火柴。她很满意
说是走遍了超市都没有看到

掌柜目送大娘的背影。眼角
有些湿润。这么些年
临了，竟有了化羽的感觉

咫尺天涯

这是人世间
最遥远的零距离

你用手绢擦拭他的嘴角
就像擦拭
他生锈的记忆

他的拒绝你无法超越,就像
你无法攀援
一座比珠穆朗玛更高的山峰
这座山横亘在
绝望和期盼之间
它的名字叫阿尔兹海默

他一边呼喊着
你的名字
一边推开你,疼痛的摩挲

就像一个刚刚出生的婴儿
让爱,泪流满面

无法丈量——悼袁隆平（组诗）

距离

这片土地浸淫着关于神农的传说
那些正在拔节的秧苗
悄悄传来一个消息:他走了
那个耗尽一生去驱赶饥馑的人
走了

我们一辈子都在丈量,他
与这个世界的距离
结果发现他与我们很近。他的
每一滴汗水都浸润着
人世间的稔熟。然而我们
却永远
够不着他

就像现在,他俯视人间的
那道眸子
已在稻田的心窝里,慢慢
反刍为
一种宗教

泪痕

杂交是生命进化的
一种方式。这种进化一旦发生
就会出现某些奇迹。比如
大到出奇的花和果实，以及
比以往更直更硬的脊梁

对于杂种优势的印象，父亲并不
比两株水稻记忆完整
它们的前世今生，孕育了一个
叫作小满的节气，以至寂寥的天象
被一颗耀眼的流星划破

让天空
留下伤心的泪痕

禾下之笔

在白天与黑夜之间,他曾有过
似梦非梦
在饿殍与莺歌燕舞之间
却一直
横躺着岁月鸿沟

在中国,终有禾下之士
腾空而上
比秧苗更青翠的年华
比大米更洁白的高贵
饱蘸华夏之光
勾勒大陆板块,涂抹
不同的肤色

让丰盈
改写饥饿的剧情

无法丈量

抬头与低首,我们都看见您
我们的距离无法丈量
抬头,您是丰碑矗立云端
大地沐浴您洒下的福荫
低首,您是谷穗覆盖田野
高天吸吮着,您根须的养分
那是咫尺或天涯之间,都无法
丈量的情感

把思念正对着长天的缺口
是否就能,将陨落接住? 我宁愿
这颗流星的加速度
能够击起世间足够的尘埃
去消弭
另一些饥馑

新年将至

二婶从集市回来
发梢上挂着冰花。她的胸
比往日高出了许多
一年的劳苦和来年的盘算
都揣在那里

二叔伸手过去捏了一把
被二婶啪一巴掌拍了回去
二婶说闺女要回了
那是她的嫁妆。还有
明春的种子和肥料,加上
你那几口马尿,都码那儿呢

二婶把一箩筐的年货搬上灶台
然后生火。她要熬一锅
新年的憧憬,让男人和闺女
都大醉一场。灶火烤化了额前的冰碴子
将二婶还原成

早先的那个美人儿

二叔呆呆地站在一边。忘了
点燃手上的旱烟
他一把抱起二婶去了里屋
二婶咯咯的笑声,将火红的窗花
抖落一地

冬至从秦岭那边过来

冷空气比去年
来得早一些
它们翻过了巍峨的秦岭

早晨铺了一地浮霜
空旷的冷
隐藏了往日鸟鸣

地里的菜薹打蔫了

豌豆尖突然苍老
集市的时鲜一夜消弭

二婶早起,搓着手上的凉
一边哈气,一边
撵着院墙边打盹的鸡

兴许真能等来一场大雪
二婶想,在南方
这是一种高调的奢华

漫长的告别

五年前,秋天。二叔的心开始凋谢
二婶问二叔:剪子呢
剪子在二婶手里

两年之后。二叔的心几近荒芜
二婶问二叔:该吃饭了吧

而饭菜,才刚撤下灶台

去年某一天。二婶对二叔左看右看
然后说:你是谁? 来咱家干吗
二叔哭了,连旱烟杆也涕泪交下

如今二婶昏迷三天了。医生摇摇头
走出病房。二婶睁开眼
对二叔说:二蛋,俺要回家……

声音很小,却震得二叔目瞪口呆!
二婶在长夜里迷糊了五年
临了,竟忽然间叫出了二叔的乳名

细节

夕阳透过窗棂。二婶
艰难地伸出手去
试图拔掉

那些生命里冰凉的管子

曾经美丽的手，瘦骨嶙峋
只剩下
日子的皱褶、颤抖和
意愿的决绝

手，终于去到了想去的地方
却再没有力气
去完成
那个弥留的愿望

一滴浊泪挤出眼角
用她悲戚的反光，记录了
二婶
拥抱尊严的最后细节

跨年的调子（组诗）

下雪了

下雪了
洁白和柔软
终于掩盖了城镇和乡村
四处的瑕疵

这种柔软我们期待已久
她记录了
一些路过的枯荣
如何改变，生硬的冬天

她不说什么
但她留下了你的足迹
她呈献过的洁白已不能改变
寒冷不能否定一切

下雪了！这个世界
终于可以
从一种沉默，渐渐逼近
另一种沉默

足音就在耳旁

有雪，有阳光
时间被路过的风擦得锃亮

蜜蜂是来得早了些
心情来不及放牧甜蜜的见解
地上的影子
在寻找落脚的理由
它慢慢切换方向
像一只大黑鸟
想要成为，一个时代的路标

似曾见过眼前的一切
恍若女人醒来，正在涂抹口红

跨年的调子

这个约定，像雪花一样
飘了四十年
如今已熬出白发

空气变得生硬而寒冷
我决定生一团火
等候她的到达

夜深了，终于接到一个电话
声音如此苍老
我想不起她的样子

她说不知带什么好
一瓶花雕可以吗
或者，根雕的手杖？

我说把吗字去掉就行
去掉问号也行
最好还带盒布洛芬，以防万一

立春

季节总是选择这一时刻
带来新的见解

墙里墙外,拥雪红梅已淡出江湖
而桃枝腋下
一些融化的颜面正在醒来

你仿佛在她内心的期盼里
裁剪一袭旗袍

而它的开衩处清风回暖
霞光照人
弥散出旖旎的气息

我喜欢这种气息
就像喜欢,一个麝香味的女人

窗花

剪子是蘸着冬天的血
磨砺成的

它剪出来的长尾鹊和树枝
都定义着红
这就是心情的来路
雪人,看上去有些感动

而眼神,依旧泄漏了瑕疵
你收拢一墙月影
让它们
去靠近冷却的宽容

这种铺设
能让窗户,显得满面春风

后视镜

沿途扬起北方的风沙
掩埋了它的使命
道路一段段消弭在尾气后面
风景在速度里悲壮地倒下

我习惯性地左顾右盼
没有看见
任何丢失的诺言
镜身随着颠簸的季节上下腾挪
却始终抖不掉岁月的蒙尘

干渴得紧了，自然盼着一泓清水
从倒悬的深潭倾盆而下
这一刻到来之前
它还有机会
反刍一下内心的光辉

前面的光束开始照亮未来

身后的故事已不再重要
一个又一个的废墟
躲进了黑夜
没有理由再去埋怨隐匿的路标

我终于原谅这一路对它的冷落
因为身后
确实没有值得再去顾盼的
东西

从容交接

日子像丝瓜的藤蔓,悄悄
翻过了院墙
荷塘的伞,已渐渐撑不起
曾经流行的蛙鸣

可惜感受到这些的时候
我们已经老了

秋天就这样静静地来
田野开始饱满
人们额前的汗渍未干
又从柴房的墙上取下了镰刀

一场雨完成了季节的交替
我们踩着父亲的脚印出门

山川还是那样沉默,而
熟稔之黄浸淫着墨绿的底色
仿佛原本空旷的视像
一夜间挂满了思想的灯笼

等待收割,让一个个灯笼
在时光的曲线上翱翔起来

梦的距离

真正的光辉是在夜晚

流行的说辞
始终没弄明白

星海倒悬，我们邂逅了
数亿光年以外的星系
而太阳
却像一枚烧红的铁锚
将我们的视野
停靠在银河的岸边

所以为了看得更远，我们
必须相信梦的距离
在那端，斜靠着未来的睡姿

我等待有朝一日，大家都能
明白这个道理
允许一些年轻的生命
去穿越星空，去快乐地
排练一场
照亮年代的表演

锻造及其以后

火被囚禁在炉子里
金属放弃了棱角。顺着槽口
懒洋洋地
流进预设的模具,然后
重新冷却为坚硬

浇铸者汗渍混浊,硕壮的
光影
投射成造物主的模样
而在揭开面罩之后
他点了一个廉价的外卖

设计师构想伟岸。肌肉
征服了
文艺复兴的意大利
铜像托腮沉思
试图配得上,一个思想者的坐姿

终于被吊车放置在城市街心
聆听一个时代的脚步

有个女孩数着它的脚趾
一边想起有几本童话
还被锁在书橱的玻璃后面

时间是延续的。而生活
却锻造历史的片段
我们永远没有足够的时间
去把日子
拼接成自己想要的样子

走近栖所

走累了。在一条僻静的后街
靠着半截遗弃的墙
翻开行囊
时光的积蓄已所剩无几

几只轻盈的麻雀跳跃着
沉浸在觅食的欢乐里
突然觉得对不起海德格尔
他说:人,诗意地栖息

我将栖息了,而诗意的羽毛
却散落一地
裸露的感觉像夏日的莲蓬
苦涩都包裹在内心深处

路自顾延伸,麻雀打算归巢
我站起来的时候
沉重的身体
已然嵌入半截土墙……

缙云之下

一座沉默的山
嘉陵江对它如此熟悉

历史对它如此熟悉

缙云之下
悄悄养育苔藓、竹笋，还有森林
养育溪水旁偶尔虫鸣的空寂
养育松鼠和野猪的脚印
松针、树叶，以及肥沃的泥土

而寺庙的钟声，已袅袅为禅霭

在它宁静的怀抱里
我就是，一粒躁动的瑕疵

春笋

这个时节竟然无雨
那些雨
还晾在李商隐的西窗

等待情满秋池

而春笋等不及了
它们从地下的黑暗里钻出来
呼吸罅隙里漏下的阳光

有一棵,兀自立在石板路的中央

让我想到喜马拉雅山的头颅
伸出海平面时
那种,无与伦比的傲岸

作孚茶

它的渺小，绝不能
与古老的银杏、杜鹃和桂花树
同日而语

细叶。浅色小花倒悬如钟

而它的谦卑，它独一无二的灵性
感动了一个叫卢作孚的人
我们从此，忽略了它的学名

——毛蕊柃叶连蕊茶

一座纯粹的山，一个纯粹的人
就被它的蕊
紧紧地，连在了一起

舍身崖

将整条江和整个城市
踩在脚下,踩在风的鞋底

我看见众生的居所
就像蚂蚁的巢穴
我的黄昏,就栖息在那里
如果从这里舍身而下
就一定能快乐而自由地滑翔
在不息的风中
再也不必
去面对,人生的苦难

那将是
多么幸福的归属

佛心寺

烟火绝灭。屋檐和梁
散落在时光灌丛
却并未腐朽
两根斑驳的石柱，扛着斑驳文字
仍在挽留，往日的佛心

它们倚傍的是
两棵，长进了天空的
红豆杉

我知道这两棵树
俯瞰这个尘世已逾千年
它们相爱
至今还在滋生
拒绝荒芜的心情

舞者

美丽从足尖生长出来
滚滚红尘
已黯然失色

每一个灵动的跳跃
都成为
时光凝固的理由

她们的肢体
在音符里碎为一片片阳光
照亮人世的每一扇窗

游弋,漂泊,飞翔……
魂灵越过时间和空间,缥缈成
弥漫的宗教

梦者

推开喧嚣,让岁月包裹眼神
在夜的涟漪里
开启盛典

艰辛的日子像一块糖
慢慢熔化
于圣洁的雪莲之下

春风里行走。在茂密的丛林
倾听
生命的脚步

虚构的真实面带笑容。老屋
已关不住
醒或不醒的潮水

酿者

旱烟里弥漫着高粱暗香
些许醉意
在楼梯上徘徊

那是昨日汗滴蒸馏的萃取之物
一曲良宵
发酵成如茶四野

所到之处,草木也风情万种
鱼虫鼓噪
踉跄而朦胧

拿碗来！拿碗来！拿碗来……
楼阁已盛满山后回声,只待
仰天一饮

行者

眸子所到之处,是童贞的霞光
终点
始终遥不可及

走过的日子已苍老为泥
而正在经历的
依旧是杂草丛生

告别塞满废物的行囊,是否
就能轻快地超越
不着边际的沼泽?

也许,下一程就是通途
就像河流
弄懂了如何绕山而行

生者

在路上,我们停不下来
即便孤独如死
你仍然想着突围

我们常常靠着某棵参天大树
想象它的年轮
是不是也在盲目地添寿

结果是不言而喻的
物质不灭
生长不会停止

一棵树老了,林子依然年轻
我看见自己的来世
在云端的树梢上向我招手

蝴蝶

她站在一朵没有根的
野花上
像一个思想者。稍停
然后飞走了

其实野花很想挽留
希望美丽的翅膀带着自己
到一些能接纳苦难的地方
比如菩提树下

然而蝴蝶不能停留。尤其
在这样漂泊于风翼的花瓣上
分分钟，都可能
折戟沉沙

她围着野花转了几圈，不忍
采集它内心的祈求
然后决绝地离开。虽然决绝
还是忍不住几度回头

那些无奈的眸光，泄漏了
一个思想者，在权衡利弊之后
对自己睿智抉择的
一点点悲悯

错过

二十岁，我想送你一束玫瑰
只可惜
第一片阳光尚未落地

为了这朵玫瑰，日子变得
忙碌而生疏
唯有年轮，依旧涟漪般散开

耕耘，耕耘，还是耕耘……
季节周而复始
而收割，始终在路上漂泊

海未枯，心也未枯
天不老
诺言却已然白头

如今，我决意折一枝鬓边霜花
送给你
却不知，该送往哪里？

节日

人的一生有两个节日
生，或者死亡
这是母亲赋予我们的权利

为了维护这种权利
母亲倾其一生
给我们烹饪和缝补温暖、光亮和爱……
这些温暖、光亮和爱
陪伴我们走过各种艰辛与苦难

在子孙的血液里流淌

只要母亲健在
所有的日子都是节日

落叶

告别秋风里疲惫的树梢
没说什么。轻轻地
把生命留给来年的新枝

而你
粉笔写下“再见”二字概括一生
也没说什么。深深地
将背影刻进岁月的皱纹

黄河

一路挟黄土地而来
淹没了
往日洪荒

两岸是如弓的背影。用你的泪
濯洗
锈迹斑斑的箭镞

高粱或粟子一茬茬蹿出来
伸长脖子
吸吮你浑浊的奶

然后将高楼的漂流瓶抛给你
以期邂逅
某些遇而不求的时光

一路挟黄土地而去
只留下
沧桑足迹

精英钟摆

无论在城市还是乡村
它们都是
最稀少的花朵

它们如此高贵
夏夜里闪烁着金色的光芒
像是在代言垅间萤火

虫鸣喧嚣
不一定能，漫过精神的河岸
这不是钟摆的预期

它们总想在盛大的晚宴上
去摇醒一些
安贫乐道的人

启蒙者

我有使命唤醒你
把你从昏睡的席梦思上
带向另一张床
我的剧情并不复杂
你服从了
就会变得非常舒服

解说员

她拔去旁观者的耳塞
用胡杨木比喻
一些不朽的奇迹

所有故事
包括脚印和注视过的茶杯

都裁剪成美丽的展板
轮番地出演
她说公鸡打鸣之后
黑暗就被两根指头碾得粉碎
虔诚的面庞
像太阳花一样不停转动
追寻,闪光的剧情

没有人质疑她的解说
这是当下
最受欢迎的直播

胜利宣言

我不需要去表达什么
祖先早已砌起了思想的城墙

我对他们的梦想
倒背如流
所以不要怀疑我的底蕴

我自信能像一个胎儿
游回祖先的腹内
去教导,滋养过我的羊水

这就是我
必将成为一首长诗的原因

世纪病

你用一把钥匙
打开了许多生锈的锁

我突然觉得这些锁眼
是专门
为你配备的

这种感觉
让锁眼生出更多的铁锈
而且害怕被你打开

我开始想
你的精致是否装扮了整个世界

一直在等

一直在等
等一声惊雷打破五月的沉闷

等一支船歌
拍打流失的桨声
等一群鸟
俯瞰你,行囊里塞满的憔悴
等一场悲愤的雨
去洗净,灯罩上的蒙尘

一直在等,等待我的心灵
埋葬时光的枯槁

劳动者

歌声嘹亮
我们歌唱我们自己

我们在表演
属于这支队伍的
节日

只可惜
每年只有一次

唱完后
我们重新操起
镰刀、铧犁、铁锤、油锯……
汗垢里，我们变得
更加干净

你好弗兰茨

一个苦难的人
一个固执的，奥地利农民

暮色中他走向绞架
他微笑着
那是一种骄傲的微笑
一种法官和牧师由衷的景仰
这种微笑
让他的妻子和女儿
变得高贵

他即将死去
他的罪名是不愿背叛
自由的内心
他始终拒绝“嗨,希特勒”
哪怕永远失去
从耕地里刨出土豆的
那种快乐

他用生命掩埋了苦难
掩埋了电影之外,拷问灵魂的
《隐秘的生活》
让疼痛煎熬,今天活着的人

我愿将珍藏的情感
全部献给
这样的朋友

你好!
你好弗兰茨

逆风的方向

每个人都有觉醒的时候
或早,或晚

我醒来的时候
小木屋在风中摇摆
树梢一致地向左倾斜
吃饭的筷子
滚落在冰冷的地上

我记得,梦里一直在

向外张望
而现在不得不向内审视自己
看看,我是不是也裹挟在
那些翻滚的树叶里

还好,内心的路标
仍然指着逆风的方向

第三个路口

不用问,必须一直朝前走

第一个路口有红绿灯
它在提示
这个世界的,秩序

第二个路口是一尊铜像
人们从它的锈迹
看到了过去的时光

第三个路口站着一个女人
怀抱躁动的婴孩
目光直视上苍,乌云纷纷退让

就是这个路口了。我相信
终将塑起
一个时代的路标

不用问,这是未来的约定

冬天的印记

大雪
想要遮盖一切

路上的脚窝
来不及交代它们的走向
就被填满了猜测

木柴包裹得严严实实
燃烧的欲望
被柔软渐渐扼杀

城市雕塑开始颤抖
仿佛一个个幼小的生命,在街心
成为挣扎的伤痕

人们匆匆路过,留下一些
清醒的寒冷

我们有什么不同

大地
从来不曾讨要什么

雨水滴落到林子里
你不知道哪一片树叶会接住它
或者在低垂的花瓣中间
表达一些逶迤的思想

它们逐渐微小,逐渐无形
逐渐游弋于视野之外
然后等待
某年某月,去拜访另一个陌生的地方

它们
无须证明天空的默许

喜欢

我喜欢暮色
披着残阳的味道

仿佛和相爱的人,携手
走了一百年
海风始终有点咸
而紫藤花却一直在攀爬
我们的小碎步
一行行坐在沙滩上
欣赏孤帆远影

我喜欢远影,尤其
当它悄悄拐进晚钟的时候

第五季

走过春秋冬夏，我们的铧犁
或者镰刀，在行囊里渐渐生锈

终于来到一个陌生的季节，灰烬
被自由的风飘做云彩
谷物在冻土顶出新芽，而花瓣
重新讨回被沙丘埋葬的暗香

龟裂和荒芜淋了一场痛快的雨
草木清新，鸽哨与虫鸣
以及年轻时候流行过的诗句
都被写进深奥的唱词

雪片镶着阳光，串成一件婚纱
升华了忠贞的年代
婴儿的啼哭盖过世间蓬乱
圣洁的乳房被雕塑在都市街心

担心的是，这个崭新的季节
被我们这些陈腐的人，再次错过

怀念

这位老人
他的轮椅已经走远
而声音仍在盘旋
不紧不慢

我捧起鲜亮的红樱桃，穿上
散发着回忆气息的裙子
去搜寻
他早已窖藏的时光

他沿着扬子江出走，再也没有回来
而江上的风
却一直
念叨着他的名字

牵着孙子走过斑马线，汽车
很客气地停在一边
行人有说有笑

我们今天活得比四十年前要好

乡村、城市、森林、大海……
我知道
他就在这片金黄的田野里
那些菊花，每一朵都为他而开

浪花聚在一起，又慢慢消散
而他的声音
仍在盘旋
让我和我的子孙，久久不肯离去

弥留

父亲的手，一直
指向那里。指向窗外
不确定的夜
他的呼吸就像一罐水
放在自行车上

呼噜噜摇响

某种潜入的预感，让我
想起小时候
看见一只黑鸟挣扎
后来这只鸟被制成标本
就站在窗前
父亲制作教具的桌面上

父亲想说什么，眼神
呼噜噜越过那里，越过
那个站立的死亡
等到他的手终于落在
床沿上的时候
老挂钟沉重地敲了十二下

我从黑鸟的羽毛上望出去
钟声走向夜的深处
背影里，有一颗流星划过

婚纱

小时候觉得穿婚纱的人
一定很幸福
她们的心会像一块和田的美玉
温润而圣洁

有一天看见一位拍照的女孩
她裸露的肩膀
在摄影棚的背影里
不由自主地抽动

摄影师说她啜泣了一个下午
直到婚纱上也挂满了泪痕
那时候外面的街灯也亮了起来
结果只留下空空的镜头独自悲伤

这个经历扼杀了我对婚纱的崇拜
与其穿上它哭,不如不穿

人的一生就那么干净一回
得不到珍惜该是件多么愚蠢的事

一朵花的凋谢

她的美丽,已沉入
熟睡的夜
星空没有丝毫改变
而在遥远的北方
一扇家门被剧烈的疼痛
击成了碎片

她的照片依然鲜活着
而肉体已经散落
放在她面前的一束束花儿
还记得她唇边的味道
那是春天绽放的味道,也是
一个生命挣扎的味道

点亮烛光的同学或者朋友
噙泪站了一会
然后到教室或图书馆
开始阅读
凋零的过往，或者
仍将盛开的明天

毋庸置疑（组诗）

沉默的石头

我知道你想说
但你不能

风，雨，或者时光
都在等你说出风化的理由

也许就该如此
让路过的浪花去表白

这个世界
总要保留一些有风骨的东西

谁能包扎

电线杆子
是冬天的伤口

失眠是夜的伤口
年龄是女人的伤口
睡桥洞的人
是日子的伤口

而沉默
是时代的伤口

毋庸置疑

有人说长诗是可疑的
这话有些绝对
但我赞同

一条大河,从起源到入海
能被看见和记起的
就那么短短一截

冬天里,大雪覆盖了一切
电线杆才能脱颖而出
成为绝世的风景

一个人,如果迷恋着
成为乏味的长诗
你不能不怀疑他的未来

这不是道

锋利的剪子
恰恰是,让人伤感的理由

那些插花百态千姿。概括了
一个春天
站在胶泥上

瓶子里的流年
就像站台上荒废的火车
车厢里塞满悲怆

没有泥土的春天
荒芜就是主题
花道的美丽,注定走向腐烂

谁的剪子,将精致的愚蠢
当成智慧

盘点（组诗）

过去的一年

烟没戒，咳嗽却戒了
这说明
医生的话不可全信

夜读至黎明，睡眠很好
只是，朝阳
成了真正的梦想

尘封驾照。这个决定
十分艰难，但
从此打消了迷途的烦恼

告别了若干诗群
不再把分行的呐喊或叹息
当作夜宵

卡夫卡说智者悲观。而我
很快乐。所以
这不是一个智慧的年份

大染坊

百花都谢过了。冬天
又有雪花在开
岁月的布坊从未停工
她们
先将笑声染红，悬挂于风
然后用叹息漂白

在生命的染坊里
花开花落
其实是一种心情
繁华晾干了。宁静滴下来
上苍的笔
耐心修改对尘世的临摹

清晨，黄昏，不一样的条幅
收藏的
却是同样的风景
日出日落

沧海桑田

定义了终极的哲学

今夜无诗

这不是一个诗的夜晚

没有约定

几粒星星不期而至，由于

目光太过柔弱

而且隔着稀疏的云

她们的希冀，很快就被

稀释在潮湿的空间

我晃着手里的一段树枝

想要抖落几个

喜庆的礼物，而寒冷

掠去了所有让我感动的可能

心情的步履杂乱无章

理不出半点思绪，这让我
想起一些遥远的日子

想象中的音乐，抑或马车
去了那些
热闹而陌生的地方，灯光
软软地靠着窗外的夜
那个驾车的老人，坐姿
越发显得孤独。仿佛
已被几粒星星掏空了心思

一条江在城市附近耳语
不愿径直远离
似乎，还在等待一次破茧的黎明

盘点

黄昏。老水车吱吱地转
一筒筒山泉
倒进迟暮的心情

季节像一件旧衣裳

晾晒在院子的树丫上

装饰变幻的生活

回忆从沙漏里泻下来

渐渐垒起

过往的山丘

指尖蘸一夜清冷，数数

水车的转动

还有多少余额

现代孤寂

一个炎夏的午后。突然想起
好久没有写过一封信了
抽屉里找出来一支尘封的钢笔
忘记了该怎样描绘抬头
某某台鉴？某某如握？某某……
记忆中的人称代词
尤其那些小学学过的尊言敬语
早已
被现代古怪的称呼抹去了痕迹

这是一个要写给谁的问题
就像说话一定要有人同意倾听
这时我想起中学的一位代课老师
她的美丽始终像一块弹片
深深楔在我的快乐之中。尽管
她曾经把作业本扔在我的鼻尖之上
我还是觉得那是我一生中独有的
一段传奇。虽然我不知道她的地址

但我仍然祈愿她的皮肤
还不致被厨房刷上斑驳的油漆

现在似乎该在信封上写点什么
而我忘记了开凿地址的正确位置
左上方或是右下方并不重要
关键是某省某市某学校这些东西
已十分生疏。对了
还必须贴上一朵漂亮的邮花
这再次让我束手无策
如今的邮局都挂上了储蓄所的牌子
而我与存款从来没有半点交集

踩着灯光里密密麻麻的脚印
终于在夜的拐角处
遇见一个想象中的油绿色铁筒
扫地的阿姨
告诉我那只是新型的垃圾桶而已
我还是决定把这封信
托付给它
因为我感觉鞋底已经磨破

再走下去
也许就真成了历史的误会

今夜有雨

当希尔顿酒店的大屏幕
报道了这则消息
午夜的电影刚刚散场

一块硕大的湿的云
慢慢逼近地面
感觉就像突然翻开一章《圣经》
大地张开无数的裂口
想要接住
一两滴来自天空的问候
路边有个女人发出一声尖叫
她的披肩被风吹得老远
追赶的脚步
像是要讨回走失的年龄

旱得太久了
真的祈盼，希望之水漫进干涸的瞳孔
去稀释，快要凝固的夏天

陶女

捧起来。那是上天的旨意
这个盛满人间疾苦的
罐子，在你手里袅袅为云
只剩下
时光的落红

一抔土，来自洪荒之梦
被你揉作幸运的宫女
坐上高贵的旋盘。然后母仪天下
在拙朴与惊艳之间
分娩出传世的神器

朝代一个接一个更替
而这罐拙朴和惊艳
却一直坚不可摧。默默盘踞
你的手心
去腌制滚滚的红尘

你的姿势已化为烟霭
香韵撩动成一万个女人的初春
我想以同样的姿势
接过你的孩子,让她盛满
这个世界最单纯的幸福

快递

我把信递过去的时候
他诧异地望着我
还写信啊?就像端详
一个外太空来的古怪物件

我说路途并不遥远，你看
那些漂浮的人群，况且
天气也正适宜
传递一些不便公开的隐私

他伸出手来，接过
我的不眠之夜
那里面涉及的人或者故事
已在潮湿的秋季发芽

我在一张纸片上签了名字
闻到即将发生的事情
散发出一种肉欲的快感
就像无意间遭遇女人的发香

我期待他几天后就能返回
肩膀上驮着漂泊的树叶
而寄过来的地址照样可以忽略
只要封面不再写着“查无此人”

一粒种子

我站在高楼林立的夜晚
搜索霓虹灯的废墟
一些铁皮冒着尾气来回游走
就像流动的锚,堵塞了
风和驼铃的方向
脚与翅膀均无处藏身

夏天的富庶让季节变得奢侈
繁茂枝叶遮盖了
内心的一点点清贫,人们
来去匆匆,想着各自的心事
毗邻的居民老死不相往来
犹如不法商贩躲着查夜的警察

弄不明白那些空虚的光束
为什么总是如此炫耀
让一些走失了年龄和心智的人
踩着废弃的面具手舞足蹈

将迷茫和虚妄
塞满整座锈迹斑斑的城池

值得庆幸的是星星
她们始终守护着薄如蝉翼的天空
几丝云絮从甑桶里逃逸出来
撒下一些时代酿成的思想
让布满苔藓的都市荒原
缓慢地拔节某些顽强的生机

就这样，在塞满空荡的旧仓库里
我找到一首发黄的诗
那是童年就埋下的一粒种子
本来梦想她有朝一日能参天繁茂
现在却成了
终生陪伴我的，一线希冀

谁能比未来更加辽阔

吊车缓慢地
将这款笨重的铜铸
放在街心

那是一位母亲
她的怀里
婴儿衔着未来的乳头

路人驻足观看
他们不知道
是谁给城市出了这道题目

原本熙熙攘攘的路口
现在多了一个人
却突然间，辽阔了许多

人们都不由自主
给时光的婴儿
留出来，足够柔软的空间

时光渐渐地锈了

记忆像一队纸船
时而隐没
时而，又浮现在浪花里

走过的路
像一条条纤索，纵横交错
牵引依稀的船歌

想不起来了
什么时候
我邀约过，昨日的阳光

它的温暖，被那些纸船
倾覆在
冰冷的河里

没有想过要去打捞
沉没
应该是预想的结果

一只蝴蝶飞过

端午刚过。我还坐在
先生落水的地方
你就来了

掠过我的头顶
无法阻挡，我被忧郁笼罩
你看，我的头发
凝结了块块锈斑，湿漉漉的
就像逐渐腐烂的时光
你的翅膀很蓝
你把那些条纹都当成了
定情之物
让天空变得惊心动魄
我觉得河岸的花草都在看你
看你会在哪里驻足
然后落笔

而你围着我们绕了一圈

还是走了。留下一些飞翔的背景
陪我,继续发呆

过程与结果都或偶然

相遇不是偶然的
两个行囊,撞翻了风车

互致血色黄昏。天空
甚至没有留白
离家出走的目的已经达到
不约而同
默契替代了外交

咖啡冒着热气
苦难,溶解在过期的方糖里
他们靠在锋利的文字上
讨论明天的攻略
以及,更遥远的剧情

然后寻一处废弃的鸟巢
埋葬那些不幸的人

虚构一场雨

这场雨及时地来了
它很悲愤
用力地冲刷记忆的疮痍

每一滴雨
都以自由落体的方式
去丈量
天空与大地之间
深刻的距离

视像或者耳鸣
这条鸿沟,横亘于一条路

和另一条路之间

让我们

在风沙里迷失方向

这场雨期待已久

它出现在岁月交替的罅隙

痛快淋漓

让我们满脸的焦灼

有了一些从容

每个人,都从头浇到脚

我们在雨水里

得到,意外的公平